Slowenien

Land zwischen Adria und Alpen – das Beste von Mitteleuropa

Liebe Leserin, lieber Leser,

das Land ist nicht größer als Hessen, bietet aber ein paar besonders schöne Alpengipfel und dazu ein venezianisch anmutendes Stück der Adriaküste. Erst seit 1991 gibt es dieses Land als souveränen Staat. Und sein Name wird gern verwechselt: Slowenien, Slawonien, Slowakei – wer weiß das schon so genau. Halt irgendeiner dieser neuen Staaten im Osten. Im Osten?

Mitten in Europa ein verborgenes Stück Europa: Slowenien hat Grenzen mit Italien, Österreich, Ungarn und Kroatien. Im Norden die Alpen, im Süden die Adria

Wenn Slowenien irgendwo nicht ist, dann im Osten. Wer das Land begreifen will, der schaut am besten einmal auf eine Speisekarte: Pasta und Strudel und ein wenig Gulasch. Denn Slowenien ist so etwas wie das „Best of Mitteleuropa". Österreichischer Barock und die Berge, italienische Lebensart und azurblaues Meer, dazu ein bißchen Ungarn.

Slowenien, das ist das alte Herzogtum Krain, die Untersteiermark und das Küstenland. Österreichisch-ungarisches Herzland sozusagen, mit einer slawischen Bevölkerungsmehrheit. Heute noch kommen die Staumeldungen im Verkehrsfunk dreisprachig. Aber nicht Nostalgie bestimmt das heutige Slowenien: Es ist ein Musterländle, das mit Wirtschaftswachstum glänzt, mit neuen Straßen, hohem Bildungsstand, leistungsbereiten, sprachkundigen Menschen – perfekten Gastgebern. Man isst, trinkt, reist gut hierzulande, übernachtet angenehm und genießt am Tage Landschaften, die so aufgeräumt aussehen, als seien sie für eine Märklin-Bahn modelliert worden.

Slowenien, das ist nicht irgendwo im Osten. Slowenien ist ein Schnittpunkt der Kulturen – das alte Herz Europas.

Viel Spaß beim Entdecken.

Andreas Hallaschka
MERIAN-Chefredakteur

HÖHLENFORSCHER lieben den Nervenkitzel: Für den Geologen Martin Rasper ist Slowenien von unten spannender als von oben Seite 60

DRAGO JANČAR, Romancier und Dramatiker, ist der bedeutendste zeitgenössische Autor Sloweniens. Er erklärt MERIAN sein Land Seite 27

In der **UNTERSTEIERMARK** genossen Autor Nico Neumann (links) und Fotograf Marc-Oliver Schulz (Mitte) herzliche Gastfreundschaft Seite 84

RUBRIKEN

SEITE 40

ENTDECKUNGEN IN LAIBACH

Laibach war schon sehr früh eine moderne Stadt: Von unzeitgemäßer Schönheit ist das Treppenhaus im Nebotičnik. Der „Wolkenkratzer" war 1933 bei der Einweihung das höchste Gebäude Südosteuropas

MERIAN | Info >> SEITE 105

\>> Titelthemen

AMERICAN EXPRESS
3750
00000
84
FRITZ A WOLLNER
© AMEX

ZAHLENSPIEL

996 000 000 US-Dollar
erbrachte 2003 der Tourismus

1 219 000 Besucher
kamen im selben Jahr

750 000 Internetanschlüsse
gab es 2004

2526 Kilometer
lang ist die Gas-Pipeline, ganze 11 Kilometer die für Öl

1334 Kilometer
Grenze umschließt das Land. 330 davon zu Österreich, 670 zu Kroatien, 232 zu Italien, 102 zu Ungarn

273
Mobiltelefone klingeln für 1000 Slowenen

79 Jahre
ist die statistische Lebenserwartung der Frauen

48 Fernsehstationen
sind zu empfangen

7 Monate
dauert die Wehrpflicht

6 Flughäfen
gibt es, davon 3 internationale

0,5 Prozent
der Slowenen können nicht lesen und nicht schreiben

0,1 Prozent
beträgt die HIV-Infektionsrate

WIEDERVEREINIGUNG

Zeit**Sprung**

Görz war 57 Jahre lang geteilt. Mitten durch die Stadt zog sich eine fünf Kilometer lange Mauer, verlief seit 1947 die Grenze zwischen Kapitalismus und Kommunismus, an der bis 1990 oft noch Schüsse fielen. Diese Geschichte hat ihre Spuren hinterlassen: Im Gegensatz zum etwas verschlafenen italienischen Gorizia mit seinem historischen Stadtkern aus Habsburger Zeit blieb dem jugoslawischen Teil nach der Teilung nur der Jugendstilbahnhof. Also stampfte man ein neues Görz (Nova Gorica) aus dem Boden, im sozialistischen Einheitsstil mit viel Stahlbeton, breiten Straßen und klotzigen Hotel-Casinos. Eine Boomtown der Import- und Exportbetriebe. Nach dem Beitritt zur EU besinnt man sich jetzt wieder auf gemeinsame Projekte wie Theater und Konzerte. Und die Grenzübergänge zieren inzwischen bunte Blumentöpfe.

Mit dem Beitritt zur EU fiel 2004 die Mauer zwischen Gorizia, Italien (links), und Nova Gorica, Slowenien (rechts)

PASTOR UND PATRIOT

Gipfel **Treffen**

Auf dem höchsten Berg der Julischen Alpen, dem Triglav, muss jeder Slowene einmal im Leben gestanden haben. Oben auf dem Gipfel lässt er sich vor einem blechernen Türmchen fotografieren, das Pastor Jakob Aljaž 1895 hier als Notunterkunft errichten ließ. Der hatte im selben Jahr fünf Quadratmeter der Spitze für einen Golddinar erworben – ein großer Triumph für das erwachende Nationalbewusstsein des kleinen Volkes. Denn die Schutzhütten waren bis dahin für die Slowenen gesperrt. Heute ziert der Dreiköpfige das Landeswappen.

COCKTA

Jugo**Cola**

Deutschland hat seine Generation Golf, Slowenien seine Generation Cockta: Der Name ist Synonym für jene Slowenen, die noch im alten Jugoslawien geboren wurden und heute die Szene Laibachs bespielen. Die also mit Cockta groß wurden: Gemeint ist jenes Erfrischungsgetränk, das 1953 erfunden wurde, aber mit der amerikanischen Cola allenfalls die Farbe gemein hat – also weder Koffein noch Phosphorsäure enthält. Das slowenische Pendant aus Rogaška Slatina hingegen besteht – so viel ist bekannt – u. a. aus elf Kräutern plus einem Schuss Zitronen- und Orangenaroma. Ein Mixgetränk, daher der Name Cockta. Heute ist die Jugo-Cola bei der Jugend wieder sehr beliebt.

Sloweniens Spitze: das Blechhäuschen des Pfarrers Aljaž oben auf dem Triglav

Almweide im Tal von Bohinji: Heuharfen stehen vor allem dort, wo wegen der kleinen Flächen nur Handarbeit möglich ist

HEUHARFE ExtraDry

Sie steht auf allen Wiesen und ist die architektonische Chiffre für die ländliche Tradition Sloweniens: *kocolec*, die Heuharfe. Ein überdachtes leiterartiges Gestell, auf dessen Querbalken das Heu zum Trocknen gehängt wird. In doppelter Ausführung heißt sie *toplar* – verbunden durch einen Zwischenboden, mit kunstvoll geschnitzten Seitenteilen und einem Dach. Aber selbst die historische Heuharfe ist nicht mehr die alte: Heute sind die Seitenpfeiler oft aus Beton.

BIENENNALE Kunst am Korb

„Je bunter der Eingang zum Stock, desto mehr Bienen finden den Weg hinein", dachten im 18. Jahrhundert die Bauern der Regionen Gorenjska, Koroška und Štajerska und versuchten, ihre Immen mit bunten Bildchen zu stimulieren. Sie bemalten die Bienenstockbretter mit religiösen oder historischen Szenen. Heute findet man die naiven Bretterbildchen nicht mehr über den Einfluglöchern, sondern als billige Reproduktionen auf jedem Touristenmarkt. Die schönsten Bilder sind im Imkermuseum von Radovljica zu sehen. www.muzeji-radovljica.si

DIE ORIGINAL OBERKRAINER BoomSound

34 goldene Schallplatten, 30 Millionen Mal verkauft, hunderte selbst komponierte Stücke, Eintrag in das Guinnessbuch: Die Original Oberkrainer aus dem Dorf Begunje bei Bled sind seit ihrer Entdeckung 1955 die Polka-Könige Europas. Seitdem steht ihr Sound im ungewöhnlichen Sechszehntel-Takt für Volksmusik. Die Kapelle, deren Kern die beiden Brüder Slavko und Vilko Avsenik bilden, trat 1998 ab, hat aber ein Museum in eben jenem Gasthof, wo alles begann. Dort treten auch ihre offiziellen Nachfolger auf, die Jungen Original Oberkrainer. Galeriija Avsenik, Haus Nr. 21, Begunje, Tel. (04) 530 73 00, Di-So 11-13, 15-18 Uhr

Foto Janez Skok

In den Julischen Alpen erheben sich Sloweniens Königsberge. Der Kanjavec ist mit 2568 Metern der zweithöchste und sein Hochplateau ein beliebtes Skigebiet

Terra incognita Slowenien

Schönste Landschaften, steile Zuwachsraten und das Hochgefühl des Erfolgs. Doch kaum jemand kennt das Alpenland am Mittelmeer, das erst 1991 auf der politischen Landkarte erschien

Hoch hinaus

Wie ein Schiffsbug ragt der mittelalterliche enge Stadtkern von Piran ins Meer, am besten zu übersehen von der Georgskirche. Alle Herrschaftsvölker der Adria hatten in Piran irgendwann mal das Sagen: von den Römern und Byzantinern bis zu Titos Jugoslawen

47 Kilometer Küste am Mittelmeer sind wenig. Doch die slowenische Adria bietet Platz genug für hübsche kleine Städte wie Piran, die sich venezianisch präsentieren

Foto: polleros Arzensberger

Foto: Marc-Oliver Schulz

Der Südwesten erinnert an Italien, der Norden an Österreich, der Osten an Ungarn. Slowenien ist ein Durchgangsland, in dem sich verschiedene Welten und Menschen treffen

Piran lebt vom Meer: Die Fischer beliefern die
die vielen kleinen Restaurants, mit Flotte,
Fischerei und Salzgewinnung befasst sich das
Seefahrtmuseum Sergej Mašera, während
sich das Aquarium der Meeresfauna widmet

Foto: Bogdan Kladnik

Kristallklar und türkis bis smaragdgrün schneidet sich die Soča ihren Lauf durch die Kalkfelsen der Julischen Alpen. Immer wieder nimmt der schönste Fluss Sloweniens Bäche und Wasserfälle auf

Velika korita Soče, die berühmte Soča-Schlucht im Trenta-Tal, ist bis zu 15 Meter tief und nur drei Meter breit. Die Besichtigung oben von der Straße bei Soča ist gefährlich!

Foto: Ralf Kreuels/laif

Wer die Kirche Mariä Himmelfahrt auf der Insel im Bleder See besuchen will, kann in Bled, dem ältesten Ferienort Sloweniens am Nordufer des Sees, eine Gondel besteigen. Rund um den See führt ein Promenadenweg

Der blaue Bleder See (Blejsko Jeziero), in Anmut und Harmonie mit dem ihn umgebenden üppigen Grün, gehört zu einer der schönsten Ferienregionen. Hier beginnt der Triglav-Nationalpark

Die Provinzstadt wurde zur Hauptstadt eines neuen EU-Landes. Das Ljubljana der Gegenwart, vom Rhythmus junger Menschen geprägt, pflegt mit Liebe die Wiener Sezession des alten Laibach

Foto: Harf Zimmermann

An der barocken Franziskanerkirche (Frančiškanska cerkev, vorn links) am Prešerenplatz (Prešernov trg) teilen sich alle Wege. Das Urbanic, ältestes Kaufhaus der Stadt (Bildmitte), und das Hotel Union (hinten links) gehören zu den Jugenstil-Prunkbauten von Laibach

Foto: Joco Žnidaršič

In der Weinhaloze sind die Südseiten der Hügel mit Reben bedeckt, an den Schattenhängen wächst Laubwald. Nur zehn Prozent der Fläche können für den Weinanbau genutzt werden

Die sonnenverwöhnten Haloze-Hügel bieten den Boden für berühmte Weine. Auf den äußerst kunstvoll geschwungenen Terrassen reift vor allem Riesling

Die ältere Generation lebt gern auf und vom Land. Man ist überzeugter Selbstversorger wie Winzer Jui Krajnc in Cirkulane

Slowenien ist ein Land, dessen Geschichte Sie ruhig verschlafen können. Meint Sloweniens bekanntester Autor Drago Jančar

In einem Gedicht meines Freundes Tomaž Šalamun empfiehlt die Großmutter ihren Enkelkindern auf der Zugfahrt von Wien nach Venedig nur ruhig zu schlafen – hinunter bis Triest gäbe es nichts. Slowenische Leser mögen dieses Gedicht nicht, auch nicht seine anderen Verse, in denen es heißt: „die Slowenen, ein erkälteter Gegenstand der Geschichte". Was aber gibt es nun wirklich dort unten? Eine unbekannte Provinz, eine terra incognita mitten in Europa?

Slowenien liegt an dieser Strecke. Ein Land, von dem seine Bewohner mehrheitlich meinen, es sei zwar klein, dafür aber das schönste von allen. Und dies nach Gottes Willen. So erzählt die Legende: „Als Gott die Welt schuf, verteilte er die irdischen Schönheiten sparsam und vorsichtig, ein wenig hierhin, ein wenig dorthin. Zum Schluss war ihm eine Hand voll reiner Schönheit, schönster Landschaften übrig geblieben, und die schüttete er über das Land aus, das heute Slowenien heißt."

Legenden neigen zur Übertreibung und überhaupt: Welches Volk hält seine Heimat nicht für das schönste Land? „Natürlich", sagen meine Landsleute, „aber dem einen hat der Schöpfer weite Felder und große Flüsse gegeben, dem anderen Berge mit grünen Täler, dem Dritten ein blau schimmerndes Meer. Bei uns aber war er besonders freigebig: Wir haben alles. Nur keine Wüste."

Es ist so. Wenn ich im Frühling um die Spitze des Adriastädtchens Piran herumspaziere, sehe ich in der Ferne über der Bucht von Triest die mit Schnee bedeckten Felsen und zwischen Meer und Bergen eine grüne Landschaft – Wälder, Wiesen, Hügel mit Weingärten, weiße Kirchen und alte Stadtmauern. Hier unten, wo sich das Mittelmeer am tiefsten in den europäischen Kontinent hineinfrißt, blühen die Mandeln, im Nordosten weht der melancholische Wind über ein Stück der Pannonischen Ebene. Wenn er schneidend kalt ist, sagt man, kommt er direkt aus Sibirien.

Jeden Sommer arbeite ich in Bohinj, ganz am Ende eines Alpentales, wo seit Beginn der Welt ein Gletscher die dunkel schimmernde Fläche eines schweigenden Sees zurückgelassen hat. Mein Pensionswirt ist noch immer Bauer, seine Kühe weiden auf Almen. Er vermietet Apartments, seine Frau ist Sekretärin, auch die erwachsenen Kinder haben Arbeit. Die Slowenen galten in Jugoslawien als ausnehmend fleißige, ein wenig knauserige Leute. Ihre Wirtschaft war trotz des unmöglichen Experiments sozialistischen Wirtschaftens verhältnismäßig erfolgreich, so dass Slowenien auch nach der Selbstständigkeit die weggebrochenen Märkte im Südosten leicht verschmerzen und sich ins europäische Wirtschaftssystem einfügen konnte. Mein Vermieter in Bohinj nun meint, dass sein Geschlecht seit Alterszeiten hier lebe – mindestens so lang wie die hiesigen Kirchenchroniken bestehen. Wenn das stimmt, so überlege ich: Wann haben sich diese Menschen von den blutrünstigen slawischen

Foto: Kirsten Haarmann

„Hauptsache in der Natur", lautet die Lebensregel der Slowenen. Da, wo die Soča breit und ruhig fließt (südlich von Bovec), ist das Kanufahren heiter und entspannend

Auf dem Weg zum Triglav: Die Zajamniki-Hochalm oberhalb von Bohinj. Viele Weiden werden hier im Sommer bewirtschaftet

Kriegern, die bei ihrer Landnahme alle Städte und Kirchen zerstörten, zu arbeitsamen wie gottesfürchtigen Untertanen gewandelt? In dem Moment, als sie das Christentum annahmen? Gerade hier in Bohinj ereignet sich die Bekehrung – so die epische Dichtung des Romantikers France Prešeren: Der wilde Krieger, ein slowenischer Fürst, nimmt den neuen Glauben an und seine Liebste wird Nonne.

Was die oben erwähnte Legende betrifft: Es gibt ernsthafte Zweifel, dass der Schöpfer dieses wunderschöne Land gerade den Slowenen geben wollte. Denn zunächst kamen Illyrer und Kelten, dann die Römer – sie bauten bedeutende Städte wie Emona (Ljubljana), Celeia (Celje) und Petovia (Ptuj); in Istrien sind Denkmäler der byzantinischen Kultur erhalten. Erst im 6. Jahrhundert siedelten die Vorfahren der heutigen Slowenen im schönsten Landstrich und gründeten im 7. Jahrhundert den ersten slawischen Staat – Karantanien –, dessen Zentrum im heutigen Kärnten liegt. Hier inthronisierten sie in slowenischer Sprache und in einem besonderen – heute würden wir sagen „demokratischen" Ritual ihre Fürsten.

Historiker haben in Paris ein Buch entdeckt, in dem sich Thomas Jefferson den Bericht über jenen Brauch angestrichen hat. Sie behaupten, das slowenische Ritual sei ihm Vorbild für das Modell der amerikanischen Demokratie gewesen. Vielleicht ist etwas dran, vielleicht ist es aber nur eine der vielen Geschichten, mit denen sich die Slowenen jahrhundertelang getröstet und die Winterabende verkürzt haben. Denn nach 745, als Karantanien Teil des Frankenimperiums, später des Heiligen Römischen Reiches wurde, verblasste allmählich die Erinnerung an den längst vergangenen Staat. Erst die Literatur des 19. Jahrhunderts erweckte ihn wieder zum Leben.

Ich schreibe in Bohinj und lebe in Ljubljana, einer Stadt mit einem „lieblichen" Namen, der seinen Ursprung im Worte *ljubljena* (Geliebte) hat. Ohne die nationalpolitischen Ideen, die es im 19. Jahrhundert zur „Hauptstadt aller Slowenen" erkoren haben, wäre Ljubljana vermutlich Laibach geblieben, ein freundliches provinzielles Barockstädtchen. Doch so hat die Geschichte das aus ihr gemacht, was sie jetzt ist – die Hauptstadt eines neuen EU-Staates, eine lebendige Universitätsstadt, deren Lebensrhythmus von jungen Menschen bestimmt wird, ein politisches wie wirtschaftliches Zentrum, stark geprägt durch die Architektur von Jože Plečnik, der seine Bauten auch in Wien und Prag errichtete. Die Fenster des Verlages, bei dem ich arbeite, gehen auf den Kongressplatz hinaus, der seinen Namen nach dem dritten Kongress der Heiligen Allianz erhielt – jenes Monarchentreffs, den Preußen, Russland und Österreich hier 1821 abhielten und die Stadt kurzzeitig zur informellen Hauptstadt Europas machten.

Die Touristen, die gelassen ihren Capucchino im Café schlürfen, ahnen

Slowenen lieben die Berge zu jeder Jahreszeit: mit Huskyschlitten durch das 15 Kilometer lange Gletschertal nordöstlich von Log

nicht, welche dramatisch-pathetischen Ereignisse sich im 20. Jahrhundert auf dem Balkon unseres Gebäudes abspielten: 1918 zerbricht dort ein slowenischer Offizier seinen Säbel, kündigt Österreich den Gehorsam und schwört einen Eid auf den Nationalrat des Staates der Serben, Kroaten und Slowenen. Der sich später in „Königreich Jugoslawien" umbenannte Staat verwandelt sich bald darauf selbst in eine Diktatur. 1941 hissen an derselben Stelle die italienischen Besatzungstruppen ihre Fahne. 1944 gibt es auf dem Platz eine große antikommunistische Kundgebung, die Rede ist von einem freien Slowenien, von Europa unter der Führung Großdeutschlands. 1945 füllen die Massen den Platz, um Marschall Tito zu begrüßen, der in einer Brandrede mit den inneren Feinden abrechnet und Slowenien in eine neue Diktatur führt. 1987 stehe auch ich neben vielen anderen auf dem Balkon – bei dieser letzten Kundgebung fallen so große Worte wie Freiheit und Demokratie.

Heute ist alles das vorbei, Ljubljana und Slowenien sind unaufgeregte Orte, die Massen strömen nicht mehr zu politischen Kundgebungen, sondern in die riesigen Einkaufstempel, Unterhaltungszentren und Multiplexkinos am Stadtrand. Im alten Zentrum lebt es sich beschaulich zwischen den Barockfassaden – manchmal fällt mir Milan Kundera ein, dem es an den Ufern der Ljubljanica in Alt-Laibach so schien, als befände er sich in der stillsten Stadt der Welt. Reisende lieben den Markt unter den Plečnik-Arkaden – schon im 17. Jahrhundert notierte ein Triester: „Wer bei uns frische Austern essen möchte, muss nach Ljubljana fahren." Das sagen die Reisenden noch heute, andere behaupteten, in Ljubljana ahne man bereits die Sonne des Mittelmeers.

Von dort kommen nicht nur Fische, Muscheln und italienische Touristen, oft kamen von dort auch freiheitliche Ideen: Es war in Triest, wo im 16. Jahrhundert der krainische Prediger Primož Trubar (Primus Truber) zuerst den Humanismus, dann den Protestantismus kennen lernte. Mit Truber tritt jene Wende ein, an der sich die Slowenen fern aller Mythen und Legenden als Nation konstituiert haben: Er nannte das Volk „Moji lubi Slovenci" – „meine lieben Slowenen". Der heutige Name.

1551 erscheinen von ihm zwei Bücher auf Slowenisch, ein Katechismus und ein Schulbuch. 1584 sogar eine vollständige Bibelübersetzung – die erste in slawischer Sprache. Aber trotz der Unterstützung durch den Adel muss Tubar mit seinen Anhängern unter dem Druck der Gegenreformation fliehen. Im Exil in Tübingen setzen sie ihre Arbeit fort – dort wird eine ganze Generation slowenischer Protestanten ausgebildet, werden Bücher auf Slowenisch gedruckt. So kommt es, dass Tübingen für die heutigen Slowenen eine Art heiliger Ort der slowenischen Kultur ist, obgleich dort kaum jemand Primus Truber kennt – die Gegenreformation hatte gründlich gearbeitet: Die slowenischen Bücher verbrannten auf Scheiterhaufen. Zu Beginn des 20. Jahrhunderts bemerkt der Schriftsteller Ivan Cankar sarkastisch: „Damals wurde in unseren Landen die eine Hälfte der anständigen Leute umgebracht und die andere vertrieben. Zurück blieb stinkendes Gesindel. Und wir sind die Enkel unserer Großväter."

Ganz so war es nicht. Die Slowenen sanken in die schützenden Arme der Habsburger Monarchie; für Österreich starben sie in den Kriegen gegen Preußen und Italien, für Maximilians verrückte Mexiko-Expedition, in den Schützengräben Galiziens und an der Isonzofront. Nur einmal versuchten sie, Österreich abzuschütteln: mit Hilfe Napoleons, der Ljubljana zur Hauptstadt der illyrischen Provinzen machte und Slowenisch in Ämtern und Schulen einführte – weshalb Ljubljana vermutlich die einzige europäische Stadt außerhalb Frankreichs mit einem Napoleondenkmal ist. Nach dieser Episode gab sich Österreich toleranter gegenüber dem Slowenischen – Städte, Schul- und Gesundheitswesen wuchsen, Ljubljana bekam Thea-

Viele Slowenen sind gläubige Katholiken: Das kleine Dorf Brezje östlich von Bled ist ein viel besuchter Wallfahrtsort

ter und Philharmonie; Literatur und Malerei knüpften eng an die europäischen Strömungen an. Das 20. Jahrhundert betrat man kulturell, politisch wie wirtschaftlich als formierte Nation.

In einer anderen slowenischen Legende tritt wieder Gott auf, diesmal als Gottes Sohn: „Da wandert unser Erlöser über die Landstraße und sieht auf einem Chausseestein einen Mann sitzen und der Mann weint bitterlich. Was hast du, Mensch, fragt unser Erlöser, den der Mann dauert, warum weinst du? Ich bin dein Erlöser, ich kann dir helfen! Darauf öffnet der Mann seine von Tränen verschwommen Augen und antwortet: Ich bin ein Slowene! – Wenn es so ist, sagt der Erlöser, kann ich dir auch nicht helfen. Sagt's, setzt sich zu ihm und fängt ebenfalls bitterlich an zu weinen."

Doch so weinerlich, hilflos und unschuldig wie diese selbstironische Geschichte beschreibt, waren sie nun auch wieder nicht. Im politischen Programm des Vereinigten Slowenien aus der zweiten Hälfte des 19. Jahrhunderts figurierten neben den österreichischen Ländern Krain, Steiermark und Kärnten auch die Küstenlande und mit ihnen Triest. Doch als Italien nach dem Zerfall der Monarchie das Land besetzt, war es vorbei mit den Träumen. Und als Mussolini an die Macht kam, war sein erstes Opfer die slowenische Minderheit in Italien. Er löste die slowenischen Organisationen auf, konfiszierte ihr Vermögen, und mitten in Triest zeigten die Schwarzhemden 1922 zum ersten Mal ihr brutales Gesicht: Sie steckten das slowenische Volksheim in Brand, diesen wunderbaren Bau des slowenischen Architekten Max Fabiani. Wenige Jahre später verurteilten sie vier slowenische Antifaschisten zum Tode und erschossen sie.

Die slowenische Minderheit, die in Triest und Umgebung verblieb, bewahrt die Erinnerung an diese Ereignisse. Aber auch die Italiener vergessen nicht die grausamen Repressalien, die 1945 bei der Besetzung der Stadt von der jugoslawischen Partisanenarmee verübt wurden.

Ich schreibe in Bohinj, lebe in Ljubljana, meine Kindheit aber habe ich in Maribor (Marburg) verbracht. Es war eine sozialistische Kindheit, in der ich mich über Fußballspiele und Kinobesuche freute. In den Wochenschauen sahen wir Marschall Tito, wie er in seiner weißen Uniform auf Brioni spazierenging. Obwohl in Marburg damals noch die Erinnerung an Adolf Hitler lebendig war, der dort den berühmten Satz „Macht mir dieses Land wieder deutsch" gesagt hatte, war alles zusammen eine ferne Vergangenheit. Erst viel später habe ich darüber nachgedacht, dass in dieser Stadt, die von Weinbergen und Frohsinn umgeben ist, jahrhundertelang Deutsch und Slowenisch sprechende Menschen zusammengelebt haben. Gemeinsam haben sie die Weinberge und Felder bestellt, Handel getrieben, in den Eisenhütten gearbeitet; gemeinsam haben sie Volksfeste und Wallfahrten begangen, gemeinsam haben sie sich gegen die Türken verteidigt und einander bei Überschwemmungen und Erdbeben beigestanden; gemeinsam haben sie im Rathaus getagt und im Kasino getanzt; gemeinsam sind sie auch in Krieg und Frieden unweit voneinander gestorben. Aber gegen Ende des 19. Jahrhunderts hassten sie einander immer mehr.

Menschen derselben oder einer verwandten Sprache fühlen zu dieser Zeit eine immer größere Nähe zu ihren fernen, tausende und abertausende Kilometer entfernten Sprachverwandten, entfernen sich immer weiter von den Menschen der anderen Sprache, die in ihrer Nachbarschaft leben. Slowenen und Tschechen aus der österreichisch-ungarischen Monarchie blicken zum fernen Moskau, obwohl sie von ihm herzlich wenig wissen; deutschsprachige Österreicher starren nach Berlin.

1918 siedelte eine große Anzahl Deutsch sprechender Bürger nach Österreich um, in Maribor verblieb eine Minderheit, die 1941 mit Begeisterung die Ankunft der deutschen Truppen erwartete. Es folgte eine Periode des Naziterrors, der Zwangsumsiedlungen und Geiselerschießun-

Ein Spiegel der Schönheit: der Wocheiner See (Bohinjsko Jezero) am südlichen Rand der Julischen Alpen

gen. Aber auch als 1945 mit den Partisanen die Freiheit kam, war die Begeisterung nur kurz. „Jetzt, wo Freiheit ist", sagten die Bauern, „müssen wir aufpassen, was wir sagen." Es gab neue Repressalien, erneut volle Gefängnisse, und zu den Menschen, die vertrieben wurden, zählten auch die Angehörigen der deutschen Minderheit.

Die Ironie der Geschichte, die mit ihren großen nationalen und ideologischen Plänen stets gewaltsam über den Einzelnen hinweggestiegen ist, wurde mir 1974 klar, als ich mich in Maribor im Gefängnis wiederfand – verurteilt wegen Feindpropaganda. Ich war 26. Dorthin hatte mich die berüchtigte kommunistische Geheimpolizei Udba gebracht. Damals habe ich plötzlich erfahren, dass ich im selben Gefängnis saß, wo genau dreißig Jahre zuvor mein Vater wegen Zusammenarbeit mit der Befreiungsfront von der Gestapo verhört worden war, bevor er ins Konzentrationslager geschickt wurde.

Deshalb konnte ich 1990, als die Panzer der Jugoslawischen Volksarmee in die Mariborer Stadtbusse hineinfuhren, nicht glauben, dass sich die gewalttätige Geschichte mitten in Europa noch einmal wiederholen würde. Aber sie hat sich wiederholt – in Kroatien, Bosnien, im Kosovo. In Slowenien endete die militärische Episode nach zehn Tagen; unter den Opfern war auch der Übersetzer Janez Svetina, mit dem ich einige Monate zuvor gesprochen hatte. Als er aus der Bibliothek trat, traf ihn der Schuss. Das Buch, das er für uns aus dem Hindu übersetzt hatte, trug den Titel „Der menschliche Zyklus".

Aber jetzt ist das alles nur noch Geschichte – die blutigen Kämpfe, die Massen auf den Plätzen, die Panzer auf den Straßen, die pathetischen Reden, die Staaten mit den politischen Systemen, die einer nach dem anderen verschwunden sind. In Slowenien hat ein Mensch, der heute 80 Jahre alt ist, fünf Staaten angehört; er hat immer wieder neue Uniformen gesehen und seinen Personalausweis eingewechselt, ohne dass er sein Dorf oder seine Stadt jemals verlassen musste. Jetzt sieht es so aus, als sei damit Schluss.

Deshalb kann der Reisende, der von Wien mit dem Zug nach Triest fährt, auch ruhig schlafen. Auf der Reise ereignet sich wirklich nichts. Selbst die Zöllner an der Grenze werden ihn nicht wecken, seit Slowenien Mitglied der Europäischen Union ist. Sollte er aber diese Zeilen lesen, wird er vielleicht doch aussteigen und sich umsehen in der einstigen terra incognita. Dort, wo das alte und neue Europa gleichzeitig zu Hause sind. Wo der Schöpfer so freigebig Schönheiten verteilt hat. □

Drago Jančar *ist Sloweniens meistübersetzter zeitgenössischer Autor, der auch für sein politisches Engagement bekannt ist. Viele seiner Bücher sind im Folio-Verlag, Wien, erschienen. So auch „Brioni" (2002).*
Klaus Detlef Olof *übersetzte den Text aus dem Slowenischen.*

10 Fragen an 10 neue Europäer

Mit dem Balkan hat Slowenien nichts zu tun, sagen die fleißigen Slowenen. Und wurden deshalb von ihren südöstlichen Nachbarn oft als die „Japaner Jugoslawiens“ belächelt. Jetzt ist das Land zum ersten Mal in der Geschichte ein eigenständiger Staat und angekommen in Europa. Was hat sich geändert für seine Menschen? MERIAN fragte. **Text: Anke Döpke, Fotos: Gunter Klötzer**

Mateja Kolečnik, Dramaturgin am Nationaltheater in Ljubljana, bedauert, dass seit dem EU-Beitritt weniger Geld für Kultur ausgegeben wird. Ihrer Ansicht nach verlieren die Länder zunehmend an kultureller Identität. Sie befürchtet, dass die slowenische Sprache eines Tages aussterben wird

WAS IST DAS SCHÖNSTE AN SLOWENIEN?

›Die Sprache. Sie verbindet uns Slowenen und macht uns stark. Wir haben sehr gute Autoren und sehr gute Theaterstücke – die beruhen auf der langen literarischen Tradition Sloweniens‹

WAS IST FÜR SIE TYPISCH SLOWENISCH?

› Dass es nur hundert Kilometer von den Alpen bis zum Meer sind. Bei uns sagt man, dass Gott, als er die Welt erschuf, auch ein Zimmerchen vermieten wollte. Zu diesem Zweck hat er Slowenien erschaffen ‹

Davo Karničar, Extremskifahrer und Nationalheld, weil er die weltweit erste Skiabfahrt vom Gipfel des Mount Everest gewagt hat. Er liebt Berge und braucht sie, um sich zu Hause zu fühlen. Besonders gefällt ihm das Karstgebirge seiner Heimat

WIE WICHTIG IST ES FÜR SIE, IN SLOWENIEN ZU LEBEN?

› Sehr wichtig. Das ist eine Entscheidung fürs Leben. Ich bin jede Woche wegen meines Jobs im Ausland. Aber ganz weggehen aus Slowenien werde ich nie. Bis zu meinem Tod ‹

Dr. Marina Gržinič, Philosophin und Kunstkritikerin, hält die EU nicht für das gelobte Land. Dennoch wünscht sie sich, dass mehr Menschen an Europa teilhaben können. Und bedauert, dass Europas Beziehungen zu den Balkanländern recht zurückhaltend sind

SIND SIE STOLZ DARAUF, SLOWENE ZU SEIN?

› Unsere Leistungsfähigkeit und die Hyperorganisation können sich sehen lassen. Über die hohe Selbstmordrate wird hier aber lieber geschwiegen. Was die Ursachen sind? Die kennt eigentlich keiner ‹

Professor Janez Stergar, Historiker und wissenschaftlicher Berater am Institut für ethnologische Studien in Ljubljana, hält das slowenische Justizsystem für ein Problem: Ein durchschnittlicher Prozess dauert hier 1003 Tage. Er fragt sich deshalb, ob Slowenien wirklich ein Rechtsstaat ist

WAS HAT SICH FÜR SIE MIT DEM BEITRITT IN DIE EU VERÄNDERT?

› Der Beitritt ist eine rein pragmatische Lösung. Eine wirtschaftliche Notwendigkeit für mich, mehr nicht. Aber Slowenien ist offener geworden, auch mental. Und der Austausch mit den europäischen Ländern ist wesentlich besser ‹

Zdenka Badovinac, Leiterin des Museums für Moderne Kunst in Ljubljana, glaubt, dass es im Zuge der Globalisierung nicht mehr darum geht, was typisch für ein Land ist. Ihr persönlich gefällt dies gut

Nina Kokelj, Schriftstellerin, schrieb während ihres Studiums den Roman „Liebkosung“, der 1998 prämiert wurde. Ihre Themen sind die Schönheit und das menschliche Dasein. Sie fühlt sich als Slowenin, weil sie die „typische Sensibilität und Demut der Slowenen besitzt“

WÜRDEN SIE GERN WOANDERS LEBEN?

› Ich bin viel gereist, ständig unterwegs. Aber ich kehre immer wieder zurück. Zu meiner Familie, meinen Freunden. Ich könnte mir aber auch vorstellen, in Mazedonien, Bosnien, Serbien zu leben ‹

BEDEUTET DER BEITRITT ZUR EU FÜR SIE DIE HEIMKEHR NACH EUROPA?

› Wir fühlten uns schon die ganze Zeit als Europäer! Ich bin froh, dass Slowenien jetzt wieder dort liegt, wo es historisch hingehört: in der Mitte ‹

Uroš Lajovic, Dirigent an der Belgrader Philharmonie und Professor an der Hochschule für Musik in Wien. Er hält Neid, Schadenfreude und Fleiß für typisch slowenische Eigenschaften. Würde seine Heimat aber nie verlassen, weil er sich dort wohl fühlt

Vilenka Jakac-Bizjak arbeitet in der Forschungsabteilung der Nationalbibliothek Ljubljana Sie reist beruflich häufig durch Europa, spricht viele Sprachen. Und sie wünscht sich mehr Interesse an ihrer Heimat auch bei Europäern anderer Staaten

WAS IST IHRE HEIMAT? SLOWENIEN, EUROPA ODER DER BALKAN?

› Wir gehören nicht zum Balkan! Im Vergleich zu Ljubljana liegt Mailand weiter im Süden, Wien weiter im Osten. Wir wollten auch noch nie zum Balkan gehören – die meisten Slowenen hielten sich schon immer für etwas Besseres ‹

WORAN DENKEN SIE BEI DEM WORT „HEIMAT"?

› Meine Mutter ist slowenische Sizilianerin, mein Vater mazedonischer Türke und Roma. Ich kenne keine Landesgrenzen und bin überall zu Hause ‹

Mojka Rakipov arbeitet unter dem Namen „Nursel" als professionelle Bauchtänzerin Nach Staatsdienst, Kindertheater, Zirkus fühlt sie sich nun beim Bauchtanz wohler: Ihrer Seele und ihrem Temperament nach ist Slowenien nicht ihr Zuhause

WAS WÜNSCHEN SIE SICH FÜR DIE ZUKUNFT?

› Politische Wünsche habe ich nicht. Persönliche? Ich stehe mit 42 Jahren in der Mitte meines Lebens, bin aber zu alt, um irgendwo neu anzufangen. Früher habe ich davon geträumt, eine eigene Zeitung zu machen ‹

Marko Crnkovič, Journalist, findet die Landschaften Sloweniens kitschig, weil zu schön. Aber er mag es, dass er am selben Tag schwimmen sowie skifahren kann. Und nur zwei Stunden bis Wien oder Venedig braucht

Anke Döpke, *Geographin und EU-Expertin, führte für* MERIAN *die Interviews.* **Gunter Klötzer** *arbeitet als Fotograf in Berlin. Die Porträts entstanden im Rahmen seiner Diplomarbeit an der Fachhochschule Bielefeld.*

Alle 6 Sekunden eine Maschine, die in die Welt startet.
Über 120.000 Fluggäste, die täglich sicher ihr Ziel erreichen.
Das Kribbeln im Bauch, einer davon zu sein.
Alles für diesen Moment.

Österreichs zehntes Bundesland

Eine Erklärung für das sonderbare Verhältnis zwischen Slowenien und seinem nördlichen Nachbarn von Martin Huber (Österreicher)

Man mag es auf die Größe zurückführen: Außer der Slowakei ist Slowenien das einzige Land aus der k. u. k.-Konkursmasse, das kleiner ist als Österreich. Oder liegt es an der Tektonik? Bei uns gibt es hohe Hügel, dort auch. Oder vielleicht die gemeinsame Geschichte? Waren unsere Habsburger fast 600 Jahre lang nicht auch die ihrigen? Fest steht jedenfalls: Wir haben ein besonderes Verhältnis zu Slowenien.

Unsere Beziehung ist zumindest aus österreichischer Sicht schon fast Zuneigung. Wie die Deutschen den Ballermann, so überschwemmen wir sommers wie winters das südliche Nachbarland – zum Baden und Kuren, zum Skifahren, Essen, Wandern. Auch für unsere Casinogeher ist Slowenien (bei Glück) ein Schlaraffenland – weil sie dort auch dann noch zocken dürfen, wenn sie an heimischen Tischen längst wegen Spielsucht gesperrt sind. Wir fahren weiter nach Marburg oder Laibach und benennen die beiden Orte auch so, obwohl selbst in Deutschland die beiden Städte mittlerweile mit ihren slowenischen Namen Maribor und Ljubljana bezeichnet werden.

Unsere Manager, so Studien von Wirtschaftsforschungsinstituten, lassen sich, wenn sie ins Ausland gehen müssen, am liebsten nach Ljubljana versetzen. Und selbst unser Skirennläufer Josef „Pepi" Strobl, der sich mit dem Österreichischen Skiverband verkracht hatte, startet in dieser Saison – für Slowenien. Weil alles so ist wie zu Hause? Denn nicht nur, dass die Slowenen meist Deutsch sprechen, egal ob im Restaurant, im Casino oder in der Skischule – auch unsere Wirtschaft hat sich längst krakenartig ausgebreitet: Österreichs Geldinstitute beherrschen den slowenischen Bankensektor, die slowenischen Medien werden von österreichischen Verlagen kontrolliert. Wenn wir in Slowenien einkaufen wollen, dann können wir das genauso wie in Klagenfurt bei „Billa" tun, und wenn wir tanken müssen, dann fahren wir zur OMV – dem staatlichen österreichischen Mineralölkonzern.

Seit mehr als einem Jahrzehnt geht das schon so, eigentlich seit der slowenischen Unabhängigkeit 1991. Kann es Zufall sein, dass ausgerechnet Österreich als erstes westeuropäisches Land Slowenien als eigenständiges Mitglied der Staatengemeinschaft anerkannte? Und dies zu einem Zeitpunkt, als wahrscheinlich noch nicht einmal die meisten Slowenen selbst wussten, dass sie neue Pässe bekommen? Wohl kaum. Österreich half Slowenien schon in der Geburtsstunde, und umgekehrt erwiesen sich die Slowenen schon damals als besonders dankbare Nachbarn. So kam in diesem Unabhängigkeitskrieg sogar unsere Luftwaffe, von deren Existenz nicht einmal wir überzeugt waren, zu ihrem ersten heroischen Einsatz: Als sich nämlich zwei jugoslawische MIG-Jäger auf dem Weg nach Ljubljana bis über die steierische Landeshauptstadt Graz verirrten, durften die österreichischen Draken-Kampfflieger erstmals den heimischen Luftraum verteidigen. Eine dankbare, weil seltene Aufgabe.

Warum aber ausgerechnet die Slowenen, die zu Habsburger Zeiten nicht einmal ein eigenes Territorium besaßen, den Österreichern die liebsten Nachbarn sind – lieber noch als die Ungarn oder Tschechen, Italiener und natürlich viel lieber als alle Deutschen – das ist schwer zu erklären. Möglicherweise liegt es einfach daran, dass es so wenige Slowenen gibt, was wiederum die zahlenmäßig kleine österreichische Bevölkerung wachsen lässt. Außerdem sind die Slowenen, anders als die Tschechen, gelehrige Schüler unseres Wesens. Slowenen, so sehen wir sie, sind strebsam, bienenfleißig, lieben ihr Heimatland und wollen es nicht – anders als die Slowaken, die unsere Krankenhäuser und Baustellen stürmen – als Gastarbeiter verlassen. Das wiederum freut den Österreicher, der den Nachbarn gern dort hat, wo er herkommt – im Nachbarland nämlich.

Vielleicht liegt es auch daran, dass sich slowenische Politiker – für Wiens Regierung ein Unikum – von unseren Drohgebärden tatsächlich beeindrucken lassen. Selten kommen aus Ljubljana kritische Töne, wenn etwa in Kärnten, wo eine starke slowenische Minderheit lebt, deren Minderheitenrechte nicht gerade pfleglich behandelt werden. Und auch im Jahr 2001, als die Wiener Mitte-Rechts-Regierung die Aufhebung der so genannten AVNOJ-Beschlüsse forderte, in denen (ähnlich wie in den Beneš-Dekreten für die Tschechoslowakei) die Enteignung Deutschstämmiger in Jugoslawien festgeschrieben waren, ging die slowenische Regierung in die Knie.

Vielleicht aber liegt es auch einfach nur an der Musik. Jener gemeinsamen, seltsam ähnlichen Vorliebe für volkstümliche Schlager. Denn die in Österreich jahrelang erfolgreichste Band stammt aus Slowenien: die „Original Oberkrainer". Übrigens: Die Leadsängerin ist eine Österreicherin.

Martin Huber, *Wiener Korrespondent von* Tagesspiegel *und* Stuttgarter Zeitung, *schrieb das satirische Europa-Länderlexikon „Keiner ist so toll wie wir".*

Illustration: Andrea Kerlen

Foto: Kirsten Haarmann

Ihre Bewohner lieben sie, verlassen sie und können doch nicht ohne sie leben. Denn „Ljuba“ heißt „die Geliebte“. Kann es einen schöneren Namen für eine Stadt geben?

Ljubljana

Laibach, Metropole im Kleinstadtformat

Text: Karin Ceballos Betancur

Das Herz Laibachs ist der Prešeren-Platz, dessen große Architektur abends den Flaneuren und Animateuren als glänzende Kulisse dient. Zur Zeit des Sommerfestivals ist er auch noch Open-Air-Bühne

Foto: Rainer Hackenberg

Wie ein Trichter öffnen sich die drei Brücken über der Ljubljanica. Jože Plečnik, Laibachs berühmter Architekt, vereinte eine Steinbrücke von 1842 mit zwei neueren Flussübergängen von 1931 zu einer eleganten Brückenpromenade ganz in Weiß

Mit Mut zum Ornament präsentiert sich die Fassade der früheren Genossenschaftsbank (1921) in der Miklošičeva: Architekt Ivan Vurnik schuf damit ein Beispiel für einen eigenständigen slowenischen Stil

Sie hätten einander begegnen können Ecke Slovenska und Gosposvetska: Die Stadt ist so klein; aus den Gesprächen an zwei Kneipentischen wäre im Laufe des Abends eines geworden. „Die achtziger Jahre waren eine gute Zeit", würde der Künstler gesagt haben, der außerdem Theaterregisseur ist. „Die achtziger Jahre in Ljubljana waren gefährlich genug, um sich als Kunstschaffender radikal zu fühlen. Aber nicht so gefährlich, als dass wir ein existenzielles Risiko eingegangen wären." Der junge Dichter könnte erwidert haben: „Ich empfinde es als Freiheit, nicht angreifen zu müssen. Ohne großen Gegner Kunst zu machen, die nicht um jeden Preis provokativ sein muss."

Diese Sätze fallen tatsächlich – an anderen Abenden, anderen Menschen gegenüber. Zwischen zwei Generationen, von denen die eine den Sozialismus als Gegner jugendlicher Rebellion, die andere ihn gerade noch als Kindheitserinnerung gespeichert hat. Es sind zwei Ufer einer Gegenwart, die einem ruhigen Fluss gleicht.

Bei Regen verschwindet die Stadt hinter Schirmen, verschwinden die barocken Turmspitzen, die Burg. Der Statue von France Prešeren, des verliebten, verlassenen Nationaldichters, rinnt das Wasser die Wangen herunter. Kein Mensch zu seinen Füßen. Das Leben zieht sich zurück an Orte, die warm hinter Glas leuchten.

Als Kind hätte Domen Fras zur Bande der Roten Zora gehören können, aber vielleicht glaubt man das von zu vielen Männern, die klein sind, dunkle Kinnbärte tragen und südlich von Wien aufgewachsen sind. Durch die orangefarbenen Gläser seiner Brille stellt sich Ljubljana als provinzielle Hauptstadt dar, kaum 300000 Einwohner, „zu bourgeois", um sie zu lieben, zu gemütlich, um sie zu hassen. Eine Zeit lang war Domen in London, zum Studieren. Dann kam er zurück wie die meisten, die gehen, um wieder nach Hause zu kommen. „Ich habe hier alles, was ich brauche: ein Büro, das ich mit zwei Kollegen teile, ein altes Auto, ein Fahrrad, und ich habe eine kleine Wohnung ohne Wohnzimmer. Aber das brauche ich auch gar nicht – mein Wohnzimmer ist Ljubljana." Domen Fras ist Designer und 32 Jahre alt.

Zum Mobiliar des Wohnzimmers gehört der Altstadtkern, wo Kanal-Romantik die Bauten des legendären Architekten Jože Plečnik umspült, mit dessen Tod 1957 die Geschichtsschreibung der slowenischen Baukunst endet. In den Erdgeschossen restaurierter Palais und Wohnhäuser haben sich Kreative, Designer, Galeristen niedergelassen. Von ihrer Produktion leben können die wenigsten Künstler: Sie sind eingeklemmt zwischen dem stumpfen Glanz der k.u.k.-Monarchie, die viele Spuren in der Stadt hinterlassen hat, und der letzten großen Avantgardebewegung, dem Kollektiv „Neue Slowenische Kunst" (NSK), das in den achtziger Jahren mit seinen Musik-, Kunst- und Performance-Sektionen antrat, die Selbstgerechtigkeit der Post-Tito-Ära zu stören. So wurde die NSK-Band „Laibach" international bekannt – mittlerweile feiert sie ihr zwanzigjähriges Bestehen, die Mitglieder der Künstlergruppe „IRWIN" sind in den Vierzigern: Es ist nicht leicht, auf diesem Boden etwas Neues entstehen zu lassen. Aber überall in Ljubljana sprießen Keime aus dem Pflaster.

Draußen, am Stadtrand, kleben noch Reste der realsozialistischen Kruste – viel Platte und breite Alleen, deren Anblick Flaneure frieren lässt. Irgendwo dazwischen treffen Vergangenheit und Zukunft aufeinander: meterhohe Vitrinen, in denen das internationale Kapital seine Produktpalette zur Schau stellt. Der Privatisierungsprozess dauert an. Metelkova, das besetzte Haus mit Veranstaltungsräumen nahe dem Bahnhof, hat vor Jahren zum letzten Mal für Schlagzeilen gesorgt. „Die alternative Szene von Ljubljana ist tot", sagt Domen. Was lebt, sind DJ-Kultur und Drum & Bass, „nichts, was politisch codiert wäre". Also mehr Schlange stehen als Widerstand, nachts vor dem Türsteher der Edel-Disco „Global" beispielsweise, wo die Drinks teuer und die Blicke stechender sind als in anderen Kneipen der Stadt.

In der Cafeteria des „Building of Fun" knallt die neue Laibach-CD aus den Lautsprechern. Die Corporate Identity des Elektro-Großhändlers auf der gar nicht so grünen Wiese ist auf der 19. Design-Biennale von Ljubljana mit einer goldenen Medaille

Ljubljana ist nach einer slowenischen Internetumfrage der attraktivste Platz für Singles in Europa: Der jugendliche Charme des alten Laibach verdankt sich der steten Lust der vielen Studenten am Feiern

Der Lesesaal der National- und Universitätsbibliothek ist Sloweniens „Tempel des geschriebenen Wortes“

Stari trg, der Alte Markt, ist eine der Lebensadern des Zentrums: Die heutige Fußgängerzone schmückt sich mit Cafés und feinen Läden

Ljubljanska grad, die Burg aus dem 16. Jahrhundert, ist weithin sichtbar: Das Wahrzeichen der Stadt dient heute vor allem als Hochzeitskulisse

Zmajski most, die Drachenbrücke am Ostrand des Marktplatzes, wird von gleich vier der geflügelten Wappentiere Ljubljanas bewacht

bedacht worden – neben einem Kochgerät aus Finnland, einer Geschirrspülmaschine und der Gedächtnistafel für das Konzentrationslager Kampor-Rab.

Die Ladenhalle selbst ist dunkel, nur von Strahlern erhellt wie nach einem Konzert, wenn die Band längst von der Bühne verschwunden ist und die letzten Gäste ihr Bier austrinken. Wir sprechen über den Biennale-Entwurf einer Designerin, die als Verpackung für Kamillentee blütenförmige Beutel ersonnen hat. Maja zischt einen Satz auf Slowenisch, aus dem der Wortstamm „Idiot" ragt. Verkaufen würden sie sich aber, die Beutel. Maja sagt: „Klar, alles, was ich blöd finde, verkauft sich gut."

Maja Jančič, 34, ist Illustratorin. Sie teilt ihr Büro mit Domen Fras. „Ich könnte hier die Regale entlanglaufen, mir alle CDs anhören – Pop, National-Rock, Ex-Ju – und würde doch nichts finden, was mir gefällt." Sie trägt eine rote Jacke mit chinesischem Muster, schwarze Hosen, orangefarbene Nylonstrümpfe und Samtschuhe. Domen, meint Maja, sei viel patriotischer, was Musik betrifft. Es klingt wie eine Entschuldigung. „Ich würde nicht sagen, dass wir einen Minderwertigkeitskomplex haben", meint Domen. „Es ist eher eine Art innerer Zwang, slowenische Errungenschaften immer und überall herauszustellen, weil wir so klein sind und selten in den Nachrichten vorkommen." Also doch ein Minderwertigkeitskomplex.

Im Arkadenhof des Rathauses in der Mestni trg plätschert der Narzissbrunnen von Francesco Robba, dem großen Meister des Laibacher Barock

Mittagessen im Stadtteil Trnovo. Zehn Gehminuten vom Zentrum entfernt beginnt das ländliche Schrebergartenidyll Laibachs. Aus der Plečnik-Brücke wachsen Bäume, vor der Kirche St. Johannes der Täufer, wo der traurige Dichter Prešeren seiner unerfüllten Liebe zum ersten Mal begegnete. „Trnovo! Unglücksort, zur zehnten Stunde / hat Unheil, Schmerz geschlagen mich in Ketten / es drang der Stahl aus reiner Augen Gründe." Die Hähnchenschenkel auf meinem Teller tragen eine Blume in der Beuge. Architekturstudenten laufen mit Pappmodellen über die Straße. „Wie ich vor zehn Jahren", sagt Domen. Vor seinem Studium und während des slowenischen Unabhängigkeitskriegs 1991 war Domen beim Militär. Er hatte überlegt, ob es sich lohnt zu desertieren. Ein paar Tage später war der Krieg vorbei, die slowenischen Wehrdienstleistenden wurden entlassen.

Maja sagt, die Leute seien früher reflektierter gewesen. Nicht auf Dinge reingefallen wie „Building of Fun". Vor sechs, sieben Jahren habe das angefangen, der Run auf Statussymbole, bei dem es nicht um Inhalte, sondern um das geht, was auf der Verpackung steht. Leute, die zwei Betten bestellen, obwohl sie nur in einem schlafen können. Sie glaubt, dass etwas vorbei ist, das nicht wiederkommt. Und manchmal hat sie das Gefühl, die einzige zu sein, der es fehlt. Im gesamten Stadtgebiet wirbt ein Handyhersteller mit dem Slogan „Totalna Revolucija"; den Hammer zur Sichel ersetzt ein Mobiltelefon.

Die Mehrzahl der Gassen tragen Namen von Schriftstellern, doch das Gespräch mit dem jungen Dichter Aleš Šteger kann nicht in Laibach stattfinden – auch er ist im Ausland unterwegs.

Laibach hat alles, was eine richtige Hauptstadt ausmacht: Oper, Philharmonie, etliche Theater, mehr als drei Dutzend Museen, Festivals, eine rege Avantgardeszene und somit viel Lebensqualität

Auf dem Prešernov trg krabbelt ein Kleinkind über das Stadtmodell aus Metall. In Flussläufen und Innenhöfen trocknen Regenpfützen. Junge Menschen sitzen auf den Stufen zum Denkmal in der Sonne, Autos und Passanten teilen sich die drei Plečnik-Brücken, die Alt- und Neustadt miteinander verbinden. Tage kann man damit zubringen, der Musik vom Ufer der Ljubljanica zuzuhören, Aktivisten von Amnesty International und Markthändlerinnen zuzusehen, die bewegte Szene aus Sitzern und Läufern zu betrachten, die sich in ihren Rollen abwechseln wie ein Perpetuum Mobile. Wäre Maja da, würde sie fragen, warum es alle eigentlich immer so verdammt eilig haben. Und dabei die Augen schließen, ihr Gesicht in die Sonne halten, lächeln und für sich behalten: Dass sie Ljubljana hasst und zugleich liebt. □

Karin Ceballos Betancur *lebt als freie Journalistin in Frankfurt und weiß jetzt endlich, warum für sie der Name „Ljubljana" schon immer nach einer Liebeserklärung klang.*

Jože Plečnik ist der große Baumeister Sloweniens.
So wie Gaudí Barcelona, so hat er Laibach mit seiner Architektur geprägt

Der Säulen-Heilige

Das mediterrane Flair von Laibach, so heißt es, sei jenem Licht zu verdanken, das die Stadt weich und klar leuchten lässt. Tatsächlich aber ist es die Summe der Bauwerke von Jože Plečnik, die für diese Stimmung sorgt.

Laibach ist Plečniks Stadt. Mit eklektisch anmutenden Entwürfen bringt der Architekt die 1895 von einem Erdbeben zerstörte Provinzstadt auf den Weg zu einer selbstbewussten Hauptstadt – ein wenig Habsburg, ein bisschen Italien, ein Quäntchen römische Vergangenheit.

Plečnik zitiert stets die Geschichte der Stadt. Sein Formenreichtum ist enorm. Er nutzt Säulen als stilbildende Elemente, stellt Pyramiden, Obelisken, Tempelchen auf, säumt die Ljubljanica mit weißen Kolonnaden. Für das Ensemble der „Drei Brücken" (Tromostovje) lässt er links und rechts der alten zwei neue steinerne Brücken schlagen, die sich zum Prešeren-Platz hin wie ein Fächer entfalten. Schmückt sie mit Renaissancepilastern, kugelrunden weißen Lampen und lässt Pappeln anpflanzen, die als grüner Vorhang den Blick auf das andere Ufer des Flusses rahmen.

Anregungen findet Plečnik in Wien und Rom, aber seine wahre Künstlerheimat ist seine Geburtsstadt Laibach. Als 23-Jähriger kommt er 1895 zur Architektur, Otto Wagner in Wien hat ihn in sein Seminar aufgenommen. Als Jahrgangsbester erhält er ein Stipendium in Rom, macht sich in Wien selbstständig. Ab 1911 arbeitet er an der Renovierung des Hradschin, der Prager Königsburg. Bis er nach Laibach zurückfindet, vergeht ein Vierteljahrhundert. In den frühen zwanziger Jahren kann er beginnen, seine Visionen in Ljubljana umzusetzen: Eine griechische Polis schwebt ihm vor, mit der Akropolis im Mittelpunkt, mit Sicht- und Verkehrsachsen, die sie strahlenförmig mit der Neustadt verbinden sollen.

Jože Plečnik entwickelt Wohnviertel, erneuert Kirchen, legt Parks an, entwirft Denkmäler wie die Illyrische Säule am Platz der Republik und Einrichtungen wie das Chorgestühl des Doms Sv. Nikolaja. Baut sogar Möbel. Welches der Projekte letztlich sein Meisterstück ist, darüber streiten die Architekten bis heute.

Für Laibach besonders wichtig ist die Neugestaltung des Ljubljanica-Ufers mit dem langen Zug der Markthallen (1940-1944). Sein monumentalstes Bauwerk, die Universitätsbibliothek, zeigt Plečniks Meisterschaft im Umgang mit Materialien und dekorativen Strukturen: Stein, Ziegel, Marmor verwebt er an der Fassade zu einer luftigen Textur (1936-1941). Auf dem Friedhof Žale bebaut er ein Areal mit individuell gestalteten Kapellen für den letzten Abschied. Dort liegt er selbst seit 1957. Lange Zeit wurde Jože Plečnik kaum gewürdigt. Erst 1986 widmete ihm das Pariser Centre Pompidou eine große Ausstellung. Seitdem gilt der Slowene auch offiziell als ein Wegbereiter der Moderne. □

Daniela Schetar, *gebürtige Slowenin, ist Reisebuch-Autorin.*

Jože Plečnik um 1943: Als Stadtplaner wie Designer entwickelte er eine eigene erfolgreiche Stilsprache

Detail der Punktstrahler in der Kammer für Handel, Gewerbe und Industrie (1925-27). Rechts der Arbeitstisch von Plečnik

Symbolische Trennlinie zwischen der Stadt der Lebenden und der Stadt der Toten: das monumentale Portal zum Verabschiedungskomplex auf dem Friedhof Žale (1937-40)

MERIAN | TIPP Plečniks Architektur

(c 5/6) Universitätsbibliothek
Turjaška ul. 1, Tel. 200 11 10
Mo-Fr 8-20, Sa 8-14, Juli, August Mo-Sa 8-14 Uhr.
Roher Karststein gegen rote Ziegelfassade, Treppenhaus aus schwarzem Marmor

(d/e 4/5) Ljubljanica-Ufer
zwischen Zmajski most, Prešernov trg und Čevljarski most
Tromstovje (Drei Brücken), Schusterbrücke Čevljarski most und Markthallen Tržnica bilden ein Ensemble mitten in der Stadt

(f 1) Žale, Na Žalah
Totenstadt mit monumentalem Entree und einer fast heiteren Anlage aus scheinbar willkürlich zwischen Bäumen versteckten Kapellen und Gruften

(F 4) Kirche Sv. Mihael
Črna Vas, 5 km südl. Ljubljana
Beim Gebetsraum der 1937/38 errichteten Kirche standen russisch-orthodoxe Vorbilder Pate; typisch für Plečniks eigenwillige Architektur ist der Glockenturm

(c 6) Plečnikova hiša
Karunova ul. 4, Tel. 280 16 00
Di, Do 10-14 Uhr
Wohnhaus des Architekten; Möbel und andere Einrichtungsgegenstände

(f 4) Architekturmuseum Fužine, Pot na Fužine 2
Tel. 540 97 98
www.arhmuz.com
Mo-Fr 10-14 Uhr
Ausstellung der Plečnik-Schau des Pariser Centre Pompidou

Foto: Ralf Kreules

Julische Alpen: **Wandern,** wo die Murmeltiere pfeifen

Karstgrotten: Die Reise zum Mittelpunkt der **Höhle**

An der Soča: Alle **Angler** lauern auf die Marmorata

Sloweniens st

Der Jasna-See bei Kranjska Gora (Kronau) lädt im Sommer zum Baden, im Winter zum Eiskegeln ein. Bei Naturfreunden aber ist der Nationalpark Triglav zu jeder Zeit attraktiv

einerne Seele

Im Garten des heiligen Gipfels

Eine Wanderung bei Nebel, Sonne und Schnee durch das Hochtal der Sieben Seen

An Schönwettertagen herrscht am Südgrad des dreiköpfigen Triglav reger Betrieb. Doch erst wer da oben auf 2864 Metern Höhe gestanden hat, heißt es, ist ein richtiger Slowene

Foto: Thomas M. Hermann

Text: Detlev Vetten

Der alte Mann an der Bar des Hotels „Alpinum Jezero" setzt sein Sorgengesicht auf. „Du musst aufpassen da oben. Wir bekommen bald Winter. Und dann ist es gefährlich. „Aber," und er lächelt, „man kann viel Freude haben auf dem Weg der Sieben Seen. Der Herbst ist schön! Du wirst allein sein, das ganze Gebirge gehört dir." Früher, als seine Knochen noch ihren Dienst taten, sei er jedes Jahr im Herbst hinauf gestiegen. An den sieben Seen entlang und weiter bis auf den Triglav hinauf. „Es ist unser heiliger Berg! Wer nicht da oben war, ist kein richtiger Slowene!"

Der Alte beugt sich über die Karte, sein zitternder Zeigefinger streicht über das Papier, verharrt manchmal: „Die Komarča-Wand, da wird es steil." Oder: „Črno jezero, der erste See, da habe ich früher gebadet." Und: „Zeleno Jezero, da biegst Du links ab und übernachtest im Winterlager der Zasavska koča." Wie lang man vom Hotel aus brauche? Man könne, meint er, bis zum Hotel „Zlatorog" den Bus nehmen. Dadurch würde man sich einen anderthalbstündigen Marsch sparen. Dann sei es immer noch ein weiter Weg. „Und pass' auf das Wetter auf. Ich rieche den Winter".

Am nächsten Tag präsentiert sich die Welt um den Bohinjsko Jezero (Wocheiner See) Grau in Grau. Vom Hotel ist das Nordufer in zwei Kilometer Luftlinie nicht auszumachen. Es ist kühl, unwirtlich. Ich schultere den Rucksack, mache mich verdrossen auf den Weg. Kein Bus, also zwei Stunden Latscherei durch einen ungemütlichen Herbstmorgen. An der Komarča-Wand wird der Steig steil und ist an einigen Stellen ein bisschen ausgesetzt. Aus dem Nebel kommt das Rauschen des großen Wasserfalls. Das Gehen ist anstrengend, der Weg beansprucht meine ganze Konzentration. So merke ich gar nicht, wie sich die Szenerie aufhellt – plötzlich kann ich den Nebel mit Füßen treten. In gleißendem Sonnenlicht liegt der erste der sieben Seen, der wärmste von allen, genannt „der Schwarze", Črno Jezero.

Auf einmal verstehe ich auch, warum diese Wanderung im Triglav-Nationalpark zu den schönsten der Ostalpen gehört: Das Hochtal hat sich geweitet. Im Norden ragt hellgrauer Kalk in einen makellosen Himmel. Hier unten hat einer mit einer gigantischen Palette ein Multicolor-Spektakel in die Wälder gezaubert: Glutrot, orangefarben, sattgelb, in allen Variationen des Grüns leuchten Blätter, Nadeln, Gräser. Farbenfroher kann der Altweibersommer nicht sein.

Der steilste Teil der Etappe ist geschafft; nun führt der Weg über sanftere Geländestufen bergan. Der Baumbestand wird spärlich, nach einer Stunde windet sich der Steig zwischen knorrigen Latschen nach oben.

Wieder angesiedelt: Heute ist der Steinbock in den Julischen Alpen häufig zu sehen

Es ist ein Alleingang für Genießer. An der Hütte Koãa pri Triglavskih jezerih habe ich die ganze Terrasse für mich. Es gibt dick geschnittene Scheiben Landbrot, Käse aus einer lokalen Sennerei, scharfe Salami, Apfelsaftschorle – himmlisch. Ab und zu ist ein Vogel zu hören. Nach einer halben Stunde geht es weiter, nicht zu steil. Einmal quert eine Gämse gemächlich das Tal. Als sie mich bemerkt, beobachtet sie mich interessiert, lässt mich auf 50 Meter herankommen, dann klettert sie gelassen in die steile Schuttreiße rechter Hand. Später pfeifen Murmeltiere, machen aufgeregt Männchen, verschwinden im Boden. Die spannende Fauna und Flora – auf dem Sieben-Seen-Weg haben Wissenschaftler bisher rund 5500 unterschiedliche Arten von Lebewesen registriert – verödet oberhalb der 1900-Meter-Linie. Hier oben halten sich nur noch Bergspezialisten wie der Steinbock auf.

Nach neun Stunden ist die Hütte erreicht. Der Wind hat aufgefrischt, über dem Triglav steigen erste Wolken hoch. Wie hat der Alte gesagt: „Wenn schlechtes Wetter kommt, musst du ganz schnell runter." Ich verzichte auf eine Pause und beginne den Abstieg ins Trenta-Tal. Wenig später beginnt es zu schneien.

Im Schein der Stirnlampe erreiche ich Trenta. Komme privat unter. Andrej, mein Gastgeber, gibt einen Schnaps aus. Er arbeitet als Ranger im Triglav-Nationalpark und meint: „Du kannst froh sein, dass du hier bist. Heute Nacht wird auf den Bergen viel Schnee fallen." Andrej erzählt von seiner Jugend, als er zusammen mit ein paar Freunden tagelang im Gebiet des Bogatin nach dem Goldschatz gesucht hat, der dort im Berg liegen soll. Das liege den Männern des Trenta-Tals im Blut. „Seit Jahrhunderten träumen sie davon, das Gold zu finden."

Doch irgendwann seien ihm die Flausen vergangen. Er heiratete, zwei Kinder hat seine Frau zur Welt gebracht, und er ist froh, den Job im Nationalpark zu haben. „Nicht so eine stumpfsinnige Stelle im Büro, sondern Einsätze draußen in der Natur. An freien Tagen geht Andrej auf die Jagd. Manchmal darf auch sein achtjähriger Sohn mit – und der will dann immer wieder die Sage vom Zlatorog hören: vom weißen Gamsbock mit goldenem Geweih, der einstmals auf paradiesischen Blumenwiesen unterhalb des Triglav geweidet haben soll. Bis ein habgieriger Jäger den Steinbock schoss. Als sein Blut auf die Wiese tropfte, blühte dort die Triglavrose. Sie war die Rettung für den Bock – er fraß von den Blumen und genas. Aus Rache an den Menschen aber pflügte der Zlatorog die Blumenwiesen des Triglav um, bis nur noch ein öder Schutthaufen übrig war – Steine, nichts als Steine. „Hribarice“, sagen die Einheimischen, „ist seither der verwunschenste Ort des Gebirges“.

So wie die Väter es ihren Kindern erzählen, erfährt es auch der Gast. „Du darfst morgen nicht rauf. In den nächsten Tagen bestraft der Berg jeden, der ihm zu nahe kommt.“ Um zum Wocheiner See zurückzukehren, meint Andrej, gebe es noch die Möglichkeit, über die Bogatin-Schneide zu gehen. „Das ist ein sicherer Weg.“ Also über die Scharte. Die ersten zehn Kilometer führen an der Soča entlang. Türkisfarben und ungebärdig zwängt sich der Fluss durch die Felsen. Am Dorf Soča dann linker Hand über eine Brücke, die schmale Straße windet sich durch Weideland und bergan vorbei an einigen Wochenendhäusern. Am Dom dr. Klementa Juga beginnt der steile Steig durch Buchenwälder.

Und auf einmal ist alles anders, ähnelt nichts mehr dem Genuss-Wandern des Vortags. Ich bin klatschnass, in 1200 Meter Höhe wird aus Regen schwerer Schnee. Eine halbe Stunde später tappe ich durch dichten Nebel. Es sind noch mindestens 400 Höhenmeter bis zur Scharte. Ein mulmiges Gefühl, hier oben allein zu sein. Kein Gedanke mehr daran, dass unter meinen Füßen der sagenhafte Goldschatz liegen könnte. Ich will nur runter. Zum Glück ist der Weg üppig markiert: Spätestens alle 100 Meter leuchtet ein weißer Kreis im roten Ring in Hüfthöhe auf einem Stein. Felsen tauchen schemenhaft auf, verschwinden wieder im Grau. Ich passiere eine aufgelassene Siedlung von Bergleuten, der Sturm heult in den Mauerresten.

Es würde mich nicht verwundern, wenn in diesem Moment der Zlatorog um's Eck käme und über mich kleines Menschlein in der großen Natur kicherte. Im dichten Schneetreiben passiere ich die Scharte. Von nun an geht's bergab. Noch eine Stunde konzentrierte Wegsuche, dann wird der Steig breiter und schneefrei. Nachmittags um drei erreiche ich die Koča di Komna. Der Eingang der zu dieser Zeit unbewirtschafteten Hütte ist ideal für eine Rast. Plötzlich steht jemand da, unrasiert, fast zwei Meter groß. „Was du machen hier?“, will er wissen. Meine Erklärung, gerade die

WANDERUNGEN IN DEN JULISCHEN ALPEN

Vier Routenvorschläge: Der SIEBEN-SEEN-WEG und die Bergtouren TRIGLAV, ŠPIK und PRISANK

DER SIEBEN-SEEN-WEG

Die schönste Wanderzeit ist der Herbst, die meisten Hütten sind bis Ende Sept. geöffnet. Allerdings ist die Infrastruktur im Trenta Tal alles andere als perfekt. In Na Logu und Soča gibt es zwei Gasthäuser mit wenigen Zimmern, dafür aber mehrere Privatvermieter. Guter Führer: „Nationalpark Triglav“ von Wolfram Guhl, Verlag Carinthia. Als Zwei-Tages-Tour ist das Unternehmen auch für trainierte Bergfreunde anstrengend. Also besser drei Tage planen.

1. Tag: Sacht ansteigende Route von der Bushaltestelle am Hotel „Zlatorog“ zur Koča pri Savici, durch die Komarča steil zum Črno jezero. In dieser Phase sind auch die technisch anspruchsvollsten Passagen (mit Seilen gesichert) zu überwinden. Danach wird der Weg angenehmer bis zum Ziel,den vier Seen und der Koča pri Triglavkih jezeri. Gehzeit insgesamt etwa fünf Stunden.

2. Tag: Zweieinhalbstündiger Aufstieg durch immer kargeres Terrain zur Zasavska Koča na Prehodavcih (2071 m). Rast, danach imposanter Abstieg hinunter ins Trenta-Tal (gut 2 Std.) . Frühzeitig Übernachtung sichern!

3. Tag: Flussabwärts nach Soča (von Trenta 10 km). Nach links über die Brücke durch steilen Buchenwald zum Dom pri Krnski jezeri, über Vratca, die 1803 m hoch gelegene Scharte. Von da an geht es nur noch abwärts. Ziel ist das Dom na Komni. Nun noch der Abstieg durch den Buchenwald (2 mühevolle Stunden) – macht insgesamt 5 Stunden. Von der Savici-Hütte entweder eine Stunde bis zum Busparkplatz am See gehen oder ein Taxi nach Ribčev bestellen.

NATIONALPARK TRIGLAV

Das mit 83 807 Hektar größte und älteste geschützte Gebiet des Landes umfasst die gesamten Julischen Alpen. Herz des Parks ist das Massiv des Triglav, (slawisch: „drei Köpfe“) das als Symbol nationaler Einheit gilt und in der Landesflagge abgebildet ist. Und auch die Julischen Alpen sind allemal majestätisch genug: Ihr Name geht auf das altrömische Patriziergeschlecht der Julier zurück.

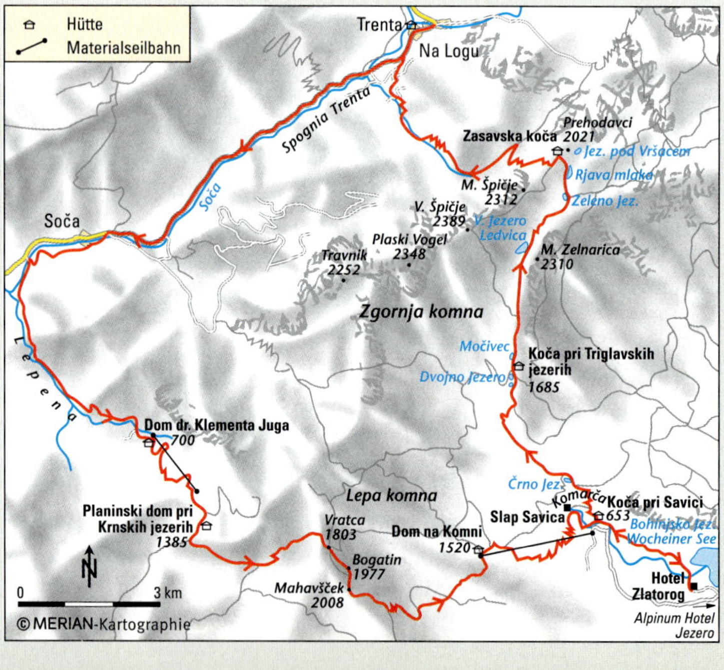

Bogatinscharte überschritten zu haben, beeindruckt ihn nicht sonderlich. Er sei in Slowenien auf Montage, habe mit seinen polnischen Landsleuten hier oben „Reparatur gemacht". Nun wollen sie ins Tal. „Du kommen mit", sagt er, „nix mehr gehen."

Und so begibt es sich, dass die Sieben-Seen-Runde in einer Wanne der Materialseilbahn von der Komna-Hochebene hinunter zu den Savica-Wasserfällen endet. Eine ungemütliche, luftige Fahrt ist es, aber mein polnischer Freund hat zwei Flaschen Bier aufgemacht und freut sich über die Begleitung. Und so gondeln wir im strömenden Regen talwärts. Beim Aussteigen sind alle meine Glieder steif, doch eine große Freude durchströmt mich: Die Erde hat mich wieder. □

Detlev Vetten, *aufgewachsen in Unterammergau, wurde schon als Kleinkind über die Berge geschleppt und ist immer noch leidenschaftlicher Gipfelgänger.*

Die Soča ist ein Tummelplatz für Kanuten und Hydrospeedboarder

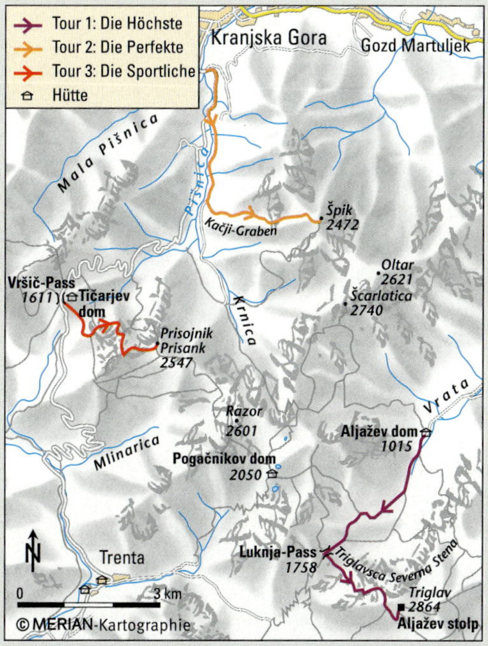

DIE HÖCHSTE ROUTE: TRIGLAV (2864 m)

Die schönste, wenn auch schwierigste Tour auf den Triglav ist der Bamberger-Weg. Geübte und schwindelfreie Bergsteiger mit entsprechender Kondition wie Klettersteigerfahrung starten am Aljažev dom (1015 m) im Vrata-Tal. Unterhalb der Triglav-Nordwand führt der Weg zum Luknja-Pass (1758 m) hinauf. Ein grandioser Blick auf die „Sphinx", einer der Nordwandpfeiler, ist nun frei. Kurz danach ist die steilste Passage überwunden. Markierungen und Trittspuren leiten weiter über das weitläufige Karstplateau Plemenice zum Fuß des Gipfelaufschwungs. Den höchsten Punkt erreicht man über einen versicherten, also gut gesicherten Steig. Ihn dekoriert der Aljažev stolp, der Blechturm, der einst als Notunterkunft gebaut wurde.
Aufstieg: ca. 6,5 Std., Charakter: ausgesetzter Klettersteig, entsprechende Ausrüstung (Helm, Klettergurt mit Klettersteigschlinge, Handschuhe) ist angeraten. Bei Nebel kann es Orientierungsprobleme am Plemenice-Plateau geben.

DIE PERFEKTE ROUTE: ŠPIK (2472 m)

Berg mit fast perfekt pyramidenförmiger Gestalt. Der Weg beginnt am Parkplatz an der Straße zwischen Kranjska Gora und Všič-Pass, kurz vor der Brücke über die Pišnica. Man folgt dem Forstweg ins Krnica-Tal, nach ca. 30 Min. zweigt der Pfad Richtung Špik ab. Steil und etwas mühsam geht es über Schuttfelder, teilweise versichert, hinauf zum Gipfel.
Aufstieg: ca. 4 Std., Charakter: technisch leichte Tour, die nur im oberen Teilstück Trittsicherheit erfordert.

DIE SPORTLICHE ROUTE: PRISANK (2547 m)

Zwei selbstständige, durch einen langen Grad verbundene Gipfel kennzeichnen das ausladende Felsmassiv des „Prisojnik" – so der slowenische Name. Die Nordwestseite ist eine Traumtour: Der Klettersteig durch das Prisojnik-Fenster zählt zu den Schönsten in den Julischen Alpen. Vom Všič-Pass auf bezeichnetem Weg durch das Kar zum Wandfuß. Durch eine gut gesicherte Wandstufe empor auf leichteres Gelände. In der Hauptrinne unter dem Felsenfenster ist Trittsicherheit, für den Gipfelanstieg Schwindelfreiheit erforderlich.
Aufstieg: ca. 4 Std., Charakter: Klettersteig für geübte Bergsteiger mit guter Kondition, Schneefelder in der Rinne möglich, Klettersteigausrüstung empfohlen. Birgit Chlupacek

Auf dem Weg zum Triglav warten viele bewirtschaftete Hütten auf die hungrigen Wanderer: Die Alm Dedno Polje (1560 Meter) liegt zwischen der Berghütte Koča na Planini und der Hütte am Doppelsee (Koča pri Triglavskih jezerih)

Foto: Toni Anzenberger

Sie will nicht

Christoph Scheuring auf der Jagd nach der legendären Marmorata

Jeder Mann braucht etwas, wovon er sein Leben lang träumen kann. Irgendetwas, das ihm mehr bedeutet als alles, was man kaufen kann. Bei Jörg Ovens war es die Marmorata. Es hatte begonnen bei ihm, als er acht oder neun Jahre alt war und ein dickes Buch bekam über Fauna. Auf einer der letzten Seiten war ein Fisch abgebildet, der die Form einer Forelle und die Zeichnung einer Giraffe hatte. Unter der Abbildung stand: „Die Marmorata ist die größte Forelle Europas. Sie wird über einen Meter lang und schwerer als 20 Kilo."

In Norddeutschland, wo Ovens zu Hause war, gibt es keine 20 Kilo-Forellen. Manchmal wird ein Hecht von diesem Gewicht gefangen, aber der benimmt sich an der Angel nicht mehr wie ein Fisch, sondern wie ein ferngesteuertes U-Boot. Die Marmorata aber bleibt auch mit 20 Kilo noch eine Königin, elegant und schnell und schwer zu verführen. Das Schönste, Edelste, Seltenste, was einem Angler in Europa begegnen kann.

Leider lebt sie nur in der Soča und ihren Zuflüssen, ganz im Westen Sloweniens – dort, wo früher das Kapital mit dem Kommunismus zusammentraf. Heute treffen sich dort die besten Fliegenfischer Europas. Leute, die von Beruf Privatier sind oder Lord oder die wie Jörg Ovens früher mal Postbote waren und jetzt ein Angelgeschäft haben, um sich ganzheitlicher dem Thema widmen zu können.

Aber auch diese Herren holen sich eher eine Lungenentzündung als eine Riesenforelle. Das liegt zum einen an dem Verhältnis zwischen Mensch und Marmorata, das ähnlich strukturiert ist wie das zwischen Deutschland und Dänemark: Wir lieben unsere Nachbarn, aber die halten uns für grobe Gesellen, denen man besser aus dem Weg gehen sollte. Genauso sieht es die Marmorata: Kauert den ganzen Tag tief auf dem Grund der Flüsse und lässt sich erst blicken, wenn wir Menschen längst in der Kneipe sind – Nachtangeln ist in Slowenien verboten. Genauso wie Würmer und Netze und was sonst noch die Chance auf einen Fisch erhöht. Erlaubt ist stattdessen das Fliegenfischen von Sonnenaufgang bis -untergang mit einer künstlichen Fliege ohne Widerhaken, damit sich die Marmorata auch selbst wieder losmachen kann, wenn sie doch mal auf einen Angler hereinfallen sollte.

Elegant und von Anglern nur schwer zu verführen: die scheue Soča-Forelle

Auf den ersten Blick war die Reise nach Slowenien also ein sinnloses Unterfangen, trotzdem hatte Ovens in der letzten Septemberwoche zwei Tage gebucht. Das erste, was ihm dort auffiel, war das Wasser der Soča. Es hatte nicht dieses türkisfarbene Blau wie auf jeder Postkarte, sondern wälzte sich als milchiger Brei ins Tal. Das lag an einem Erdbeben vor vier Jahren, als ein ganzer Berg ins Rutschen geriet – seitdem ist die Soča bei Regen immer zehn Tage lang milchig. Bei trübem Wasser aber kann man sich schon tagsüber in eine Kneipe setzen, weil die Marmorata selbst dann nicht beißt, wenn sie beißen würde, weil sie den Köder nicht sieht. Also fuhr Ovens zu einem Seitenfluss, der sein Wasser aus einer anderen Gegend zapft.

Sein Name ist Idrijca und er gilt marmoratamäßig ebenfalls als heißer Spot. Dementsprechend schnell war Ovens die wenigen Meter zu ihm hinuntergeklettert. Er knüpfte die Fliege an eine Schnur, die dünn und unsichtbar war wie ein Frauenhaar, weil große Forellen nur deshalb große Forellen sind, weil sie vorher ein Leben lang misstrauisch sind. Dafür hätte dann der Biss einer Marmorata Ähnlichkeit mit dem Versuch, einen Pitbull mit Nähgarn an einen Pflock zu leinen. Aber das war immer noch besser, als gar keinen Fisch zu sehen. Vorsichtig ging Ovens ein paar Schritte hinaus in das hüfthohe Wasser. Er trug eine dicke Wathose aus Neopren, eine Weste mit tausend Taschen, die Rute schwang er unangestrengt locker, und meist platzierte er die Fliege auch briefmarkengenau unter die Bäume am gegenüberliegenden Ufer.

Der Fluss ist an dieser Stelle nicht mehr als zehn Meter breit und mündet in einen tieferen Gumpen. Dort war das Wasser blau und klar und so rein, dass man auch in zwei Meter Tiefe noch jedes Cent-Stück sah. Das war ermutigend, theoretisch. Praktisch fragte sich Ovens, welche Marmorata bitte schön beißen soll, wenn man auf dem Grund zwar jedes Geldstück sieht, aber nur einen einzigen zwerggroßen Fisch, der sich nicht für eingeweichte Federn an einer Angel interessierte. Dagegen stand die Statistik: 136 Marmoratas wurden im letzten Jahr in dieser Gegend gefangen, 23 davon in der Idrijca und ein paar genau an dieser Stelle. Des Weiteren stand dagegen Ovens Erfahrung: Wenn man alles aufrechnete, hatte er wahrscheinlich mehr Zeit am Wasser verbracht als im Bett, und dabei waren in seinem Kopf drei Paragrafen gereift.

Der erste Paragraf hieß: „Auch wenn man keine Fische sieht, sind welche da." Der zweite: „Spätestens nach einer Stunde zweifelt jeder Angler an Paragraf eins." Und seine dritte Wahrheit war, dass nur diejenigen Angler Fische fangen, die an die Sinnhaftigkeit ihrer Bemühungen glauben – weshalb Anfänger so oft Glück haben. Nach fünf Stunden Erfolglosigkeit packte Ovens seine Sachen ein und fuhr ein paar Kilometer den Fluss hinunter. Dort gibt es den Gasthof „Villa Noblesa", der für Angler eine ähnliche Funktion hat wie der Petersdom für Pilger: eine Kathedrale der Hoffnung.

Für Tierschützer ist er wahrscheinlich eher eine Kammer des Horrors – kein Quadratzentimeter Wand, der nicht vollgehängt ist mit Fischköpfen, -abdrücken, -ganzkörperpräparaten; insgesamt sind es wohl 400 Stück und in der Regel Marmoratas. Erlegt und selbst präpariert von einem Mann, der optisch ein paar Ähnlichkeiten mit dem Bullen von Tölz hat. „Das ist das Ergebnis von 52 Jahren Angelgeschichte", sagte er und meinte damit nicht sich selbst, sondern die Fische.

Der Besitzer der Villa gehört zu den profiliertesten Fliegenfischern des Landes – einer der Gründe, warum die internationale Fliegenfischer-Elite am liebsten in seiner Pension absteigt. Mit an Ovens Gasthaustisch saß der Vorsitzende des Angelvereins, dem die Menschheit zu verdanken hat, dass sie heute mehr über die Marmorata weiß als über die meisten anderen Fische. Und dann saß da noch Marjan Fratnik, der in die Geschichtsbücher der Fliegenfischerei eingegangen ist als Erfinder der F-Fliege – einer einfachen, aber erfolgreichen Trockenfliege, gebunden aus einer Daune des Entenbürzels. Mit seinen 86 Jahren war Marjan das Reden über den Fisch wichtiger als das Fischen. Zum Beispiel über die Marmorata. Sie ist – um diesen Abend zusammenzufassen – zwar eine Forelle, aber genetisch eine eigene Rasse, die sich über Jahrmillionen in der Soča und ihren Nebenflüssen entwickelt hat. Als im 19. Jahrhundert Bach- und Regenbogenforellen ausgesetzt wurden, fanden letztere dabei ziemlich schnell ihre eigene Nische, die Bachforelle jedoch mischte sich mit der Marmorata, bis es keine genetisch reinen Marmoratas mehr gab. Glaubte man. Erst die Gentechnik konnte diese Befürchtung entkräften.

Zu verdanken war dies der Tatsache, dass es in manchen Flüssen hohe Wasserfälle gibt, die kein Fisch der Welt überspringen kann. Das führte dazu, dass in den Oberläufen immer noch genetisch reine Populationen leben, die sich sogar geringfügig voneinander unterscheiden. Acht Familien haben die Wissenschaftler mittlerweile lokalisiert, jede für sich in einem anderen Lauf. Leider ist das Angeln dort aber auch nicht erlaubt. Deshalb entschied sich Ovens am nächsten Tag für die Soča.

Es war der richtige Tag für große Fische, weil sie seit einer Woche nichts mehr gegessen hatten, aber die Scharfsichtigen den Köder wieder sahen. Möglicherweise. Nach zwei Würfen wusste Ovens, dass er Recht hatte. Nach zweihundert Würfen wusste er, dass Forellen auch nur wie Menschen sind: Je älter sie werden, desto schlechter sehen sie, und deshalb beißen im trüben Wasser nur die ganz jungen Hüpfer. Genaugenommen waren die auch keine Marmoratas, sondern Regenbogenforellen, die der Angelverein ausgesetzt hatte, damit der Fliegenfischer für seine 65-Euro-Tageskarte wenigstens etwas bekommt. Aber im Strom waren sie trotzdem tapfere Kämpfer und auf dem Grill zarter als Lammfilet. Deshalb war der Tag für Ovens am Ende doch noch ein Traum. Wenn auch nicht seiner. □

Christoph Scheuring, *zweimaliger Kisch-Preisträger, ist begeisterter („dilettantischer") Fliegenfischer.*

Im Oberlauf der Soča gibt es reichlich Äschen, Regenbogen- und Bachforellen. Die Marmorata hingegen ist selten und darf nur mit Kunstfliege gefangen werden

Ein unter

Foto: Bogdan Kladnik

Tropfstein-Kaskaden in der sechs Kilometer langen Höhle von Dimnice. Sie gehört zu den ältesten Schauhöhlen Sloweniens

Die Lichtstrahlen kommen aus einer anderen Welt in den 175 Meter tiefen Schacht der Kačna-Höhle bei Divača

In den Tiefen des Karstgesteins verbergen sich mehr als 8000 Höhlen und Schluchten. Jeder kann abtauchen in das Reich bizarrer und (un)heimlicher Wunderwelten

irdisches Gefühl

Foto: Arne Hodalic

Die Križna jama nahe dem Zirknitzer See (Cerkniško jezero) ist acht Kilometer lang und nur in einem Schlauchboot und mit Lampe zu erkunden

Foto: Bogdan Kladnik

Text: Martin Rasper

Ich dachte, ich wüsste, was eine Höhle ist. Von wegen. „You see that cave?", ruft Andrej Mihevc, der Geologe, und deutet auf eine Stelle im Steinbruch. Ich sehe nur eine Wand, Andrej aber eine Höhle. Des Rätsels Lösung: Für Geologen ist eine Höhle auch dann eine, wenn Tropfsteine und andere Kalkbildungen sie wieder aufgefüllt haben. „Eine Höhle ist unvergänglich", sagt Andrej. So ist das hier: Nichts ist nur das, was es scheint. Ein lieblicher Hügel? Unter ihm liegen unerforschte Abgründe. Ein Fluss fließt gemächlich? Hinter der nächsten Ecke wird er gurgelnd in einem Felsentor verschwinden. Laub auf dem Waldboden? Pass auf, dass Du nicht neben dem Weg in eine Spalte fällst!

Andrej, der beim Karstforschungsinstitut in Postojna (Adelsberg) arbeitet und über die Hänge wieselt wie ein Pfadfinder auf Ecstasy, zeigt mir eine Spezialkarte. Ich sehe ein chaotisch verzweigtes Höhlensystem, Teile sind mit Wasser gefüllt, andere trocken. Zwischen beiden Höhlenarten gibt es gestrichelte Linien: Vermutungen. Denn durch welche Canyons und Tunnels sich das Wasser seinen Weg bahnt – das weiß kein Mensch. Die Landschaft bewahrt ihr Geheimnis.

Im 17. Jahrhundert hatte der slowenische Gelehrte Valvasor erstmals solche Phänomene beschrieben – zum Beispiel den periodischen See von Cerknica (Zirknitzer See), der ein- bis zweimal im Jahr versickert und sich wieder füllt. So geriet die Landschaft Karst, slowenisch „Kras", auf die wissenschaftliche Karte. Einige slowenische Begriffe sind seither in die Geologie-Sprache eingegangen: „Doline" ist ein Einsturztrichter, „Polje" ein flaches Becken und „Karst" eben jene Landschaft aus löslichem Kalkstein, in der das Wasser allerorten versickert und die absonderlichsten Phänomene hervorbringt. All das lernt man hier und macht die unterschiedlichsten Höhlenerfahrungen: Über 8000 Höhlen sind im Zentralkataster in Ljubljana erfasst, und jedes Jahr kommen ein paar neue hinzu.

Da sind die Schauhöhlen, komplett mit Wegen, Geländer, Beleuchtung: Pflichtprogramm. Die Höhle von Postojna etwa, das Touristenmonster, das schon unvorstellbare 28 Millionen Menschen besucht haben und in die man mit einer Art Geisterbahn im irrwitzigen Tempo reingefahren wird, an ganzen Hallen voller Stalagmiten vorbei, so dass man schon rammdösig ist, bevor die eigentliche Führung beginnt. Oder die kühn an eine Felswand geklebte Raubritterburg Predjama, die den Eingang zu einem kilometerlangen System von Gängen verbirgt. Oder die atemberaubend schöne Höhle von Škocjan (St. Kanzian) mit der größten unterirdischen Schlucht Europas, wo man auf einer Brücke 50 Meter über dem tosenden Fluss steht und das Gefühl hat, das Rauschen seines eigenen Blutes zu hören, tausendfach verstärkt...

Und dann sind da die unzähligen Höhlen – Spalten im Fels, die nach unten und oben offen sind , ohne Kletterausrüstung völlig unzugänglich, oder senkrechte Schächte, die jäh unter einem abstürzen. Aber es gibt auch ganz harmlose, in die man einfach reinspazieren kann: solche wie die Betalov Spodmol, direkt an der Straße gelegen, eine nette mittelgroße Höhle, 120 Meter lang. Gleich am Anfang ist eine kleine Stufe zu erklettern, die die Spaziergänger abhält, aber dann geht es eben weiter, ein paar Stalagtiten sind zu sehen, irgendwann wird es sehr flach, dann ist Schluss, man kehrt um und hat auf eigene Faust eine Höhle besichtigt.
Und schließlich gibt es die vielen großen, spannenden Höhlen, in die man nur mit Ausrüstung, Helm, Lampe und Führer kommt.

Deshalb bin ich richtig aufgeregt, als ich mich aufmache zur Križna Jama, in der ein unterirdischer Fluss eine Kette von tatsächlich 22 schmalen Seen bildet. Das anfänglich mulmige Gefühl ist sofort verschwunden, sobald wir die Höhle betreten. Der dicke Anzug, die bis übers Knie reichenden Stiefel, die Lampe am Helm geben Sicherheit. Dazu unser Führer Miro, ein drahtiger 55-Jähriger, der eher aussieht wie ein Elektroingenieur als ein Naturbursche, aber dabei so wirkt, als sei er schon bei jedem denkbaren Wasserstand hier drin gewesen. Im Schlauchboot sitzend lassen wir die Stalagmiten an uns vorbeiparadieren, genießen die ruhige Fahrt, die geheimnisvolle Stimmung. Mehrmals müssen wir das Boot über flache Stellen tragen. Der orangefarbene Kalksinter im Bachbett, das wir einige Male durchwaten müssen, schimmert wie pures Gold.

Der Schein unserer Lampen erfasst eine kleine Fledermaus, die an der Wand hängt; im Rhythmus des Atmens heben und senken sich ihre winzigen gefalteten Flügel. Die Tropfsteine wirken hier, im Gegensatz zu den Schau-

Nackt und bleich und voller Rätsel: Nur in dunklen Höhlen kann der Grottenolm leben

höhlen, tatsächlich wie wertvolle Skulpturen. Kann man sie dort in ihrer Masse und als Teil einer Besuchergruppe gar nicht recht würdigen, so entfalten sie im Kegel der Lampe ihre ganze Pracht: Schlanke Säulen, stämmige Pilze, blumenkohlartiges Gekröse und filigrane Fahnen.

Aber selbst nach dieser Tour verstummt nicht das Gefühl: Da war doch noch was! Eine unbestimmte Vorstellung von Kitzel; die Erregung, mit der man als Kind Jules Vernes „Reise zum Mittelpunkt der Erde" gelesen hat. Das Gefühl erzwingt einen letzten Anlauf. Ich schlage mich am Rand des Cerknica-Sees durchs Unterholz, auf der Suche nach einer Höhle, die auf der Karte eingezeichnet ist. Nach einigem Umherirren finde ich ein Loch am Fuß einer Felswand, einen halben Meter breit. Ich spähe hinein, es geht schräg abwärts. Boden und Wände wirken trocken und stabil. Natürlich habe ich gerade jetzt die Lampe nicht dabei. Egal – ich will da rein. Auf dem Hosenboden, die Beine nach vorn, schiebe ich mich hinein. Ich spüre, wie ich die gewohnte Welt verlasse. Das Licht, das durch den schmalen Eingang fällt, erhellt kaum die ersten Meter. Wie ein Käfer, der mit seinen Antennen den Weg ertastet, sichere ich mit meinen vorgestreckten Beinen.

Wenn ich mich umdrehe, sehe ich das Viereck des Eingangs leuchten: Meine Anbindung an die Welt. Vor mir ist es nur noch dunkel. Ich taste mit den Händen nach links und rechts. Habe ich anfangs noch die Wände gespürt, muss ich mich jetzt weit zur Seite beugen, um sie zu berühren, der Gang ist schon mehr als zwei Meter breit. Jetzt ist auch vom Eingang nichts mehr zu sehen. Völlige, absolute, nicht mehr wegzudiskutierende Dunkelheit. Ich bin mit allen Sinnen hellwach. Ich spüre den leisen Luftzug, der von unten kommt. Atme den Geruch des Steinstaubs. Fühle die Oberfläche der Steine, auf denen ich entlangrutsche. Höre das Tröpfeln von Wasser, irgendwo neben mir. Und noch leiser, von ganz unten, ein Rauschen. Soviel weiß ich aus der Karte: Ein Teil des Wassers, das aus dem See kommt, fließt da unten entlang. Es wird später in der Rak-Schlucht zu Tage treten, nach zwei Kilometern wieder verschwinden, sich in der Höhle von Planina mit dem Wasser vereinen, das aus der Postojna-Höhle kommt, unter dem Namen Unica erneut an die Oberfläche kommen, hinter dem Ort Laze wieder verschwinden und irgendwann durch Ljubljana fließen. Vorbei an Cafés und Jugendstilhäusern, in einer anderen Welt.

Aus Sicht des Höhlenforschers ist das völlig unprofessionell, was ich hier veranstalte, aber ich fühle mich wie auf einem Trip. Ich schiebe mich durch die Dunkelheit wie durch eine zähe, dichte Masse, die mich gleichzeitig bremst und in sich aufnimmt. Das muss es sein, was die Psychologen „Angstlust" nennen. Vorsichtig richte ich mich auf, taste mit dem Arm nach oben – nichts. Vielleicht stehe ich in einer riesigen Halle? Zum ersten Mal spüre ich, was mir in all den Schauhöhlen verwehrt blieb: Ich bin wirklich unter der Erde. Ich bin ein Winzling, eine Mikrobe, ein vom Berg gleichmütig geduldeter Eindringling.

Dann reicht es mir, ich kehre um. Ich habe gefunden, was ich suchte. Das ist eine Höhle. Da kann Andrej sagen, was er will. □

Martin Rasper, *Geologe und Journalist, war im und vom Untergrund begeistert.*

ZU FUSS UND PER BOOT IN DIE GROTTEN

Die sieben schönsten, größten, spektakulärsten und ältesten Höhlen können gefahrlos besichtigt werden

23 der rund 8000 Höhlen können auf festen Wegen besichtigt werden; einige Dutzend weitere kann man mit Führer nach Vereinbarung erkunden – Ausrüstung wie Helm, Lampe, Gummistiefel wird meist gestellt. Infos zu allen genannten Höhlen (soweit nicht aufgeführt) bei der **Touristeninformation Postojna, Tel. (05) 720 16 10 www.postojnska-jama.si**

(D 6) Škocjanske Jame (Höhlen von St. Kanzian)
Wunderschöne unterirdische Landschaft in eindrucksvoller Umgebung (UNESCO-Welterbe). Größter unterirdischer Canyon Europas; auf einer Brücke quert man den tosenden Fluss in 50 m Höhe. Führungen ganzjährig.
www.park-skocjanske-jame.si

(E 5) Postojnska Jama (Adelsberger Grotte)
20 km langes System mit hunderten von Gängen und Hallen und unendlich vielen Tropfsteinen. Etwa 5 km davon kann man besichtigen. Die Grotte ist durch den unterirdischen Flusslauf des Rak mit den kleineren Höhlen Otoška Jama, Magdalena Jama, Črna Jama und Pivka Jama verbunden, die man sich im Sommer ebenfalls anschauen kann.
Führung ganzjährig.

(E 5) Predjama
Sensationell an die Felswand geklatschte Raubritterburg, zu deren Füßen der Bach Lokva malerisch im Fels verschwindet. Im Berg hinter und unter der Burg befindet sich ein riesiges Höhlensystem, von dem man bis zu 6 km besichtigen kann.
Führung Mai-Sept., Burg ganzjährig

(F 6) Križna Jama
Sehr schöne Höhle, in der ein Fluss eine Kette von insgesamt 22 Seen bildet; 14 davon kann man mit einem Schlauchboot befahren. Führung ca. 3,5 Std.
30 km östlich von Postojna Tel. (041) 63 21 53

(D 6) Vilenica Jama
Eine der ältesten Schauhöhlen; nicht so spektakulär, aber auch nicht so überlaufen wie die ganz großen. Sie liegt bei Lokev, ganz im Westen des Landes, 10 km südwestlich von Škocjan.
Tel. (05) 734 42 59 www.vilenica.com

(E 5) Planinska Jama
Eindrucksvoll: Hier fließen in der Höhle zwei Bäche zusammen – der Rak und die aus dem System von Postojnska Jama/Pivka Jama kommende Pivka.
10 km nordöstlich Postojna.

Tipp für alle, die lieber an der Oberfläche bleiben:
(E/F 5) Rakov Škocjan
Auf zwei Kilometer Länge kommt der Fluss Rak, der sonst unterirdisch fließt, an die Oberfläche und bildet eine wunderschöne Schlucht. Gut geeignet für Wanderungen; sensationell ist vor allem das Westende der Schlucht, wo der Fluss erst unter einer riesigen natürlichen Brücke durchfließt und dann im Berg verschwindet.
10 km östlich von Postojna

Cervenik-Brücke vor dem Hankekanal: Die St. Kanzian-Höhlen (Škocjanske Jame) bei Divača sind die mächtigsten. Gebildet wurden sie in Jahrtausenden von der Reka, dem größten Karstfluss, der hier 40 Kilometer unterirdisch fließt

Foto: Arne Hodalic

Partisan oder Kollaborateur: Die geteilte Nation

Sie befreiten das Volk und terrorisierten es gleichzeitig. Das Schweigen über die Kriegsverbrechen der Partisanen hielt lange an. Der Konflikt belastet Slowenien bis heute

Text: Antje Liebsch

Man kann es sich leicht machen. Man kann in einen Wald fahren und dort einen jungen Mann treffen, der viel über slowenische Helden weiß. Man folgt ihm tief hinein in ein Labyrinth aus Wurzeln, Zweigen, Blättern und steht plötzlich vor ein paar Holzbaracken. Sie sind aus groben Brettern gebaut, haben Spinnweben in den Fensterecken. Was aussieht wie ein eilig zusammen gezimmertes Ferienlager, ist „Baza 20“, das ehemalige Führungsquartier der slowenischen Partisanen.

Eine Stunde später verabschiedet man sich vom Museumsführer und kann es sich ein bisschen vorstellen – das Leben der mehr als 20000 Männer und Frauen, die während des Zweiten Weltkrieges siegreich gegen die faschistischen Besatzer kämpften. Ihren Hunger, ihre Hoffnung, ihre Angst. Vor allem ihre Furcht, entdeckt zu werden. Nicht nur ein paar Kämpfer, eine ganze Siedlung musste verborgen bleiben. Mit Krankenhaus, Frontradio und Küchen, die zur Tarnung des Rauches abgeknickte Schornsteine hatten. Mit Druckereien, die Zeitungen produzierten und Werkstätten, die Waffen reparierten. Rund 180 Menschen hausten dicht an dicht. Kuriere kamen und gingen. „Baza 20“, im Hornwald (Kočevski Rog) gelegen, wurde nie entdeckt, obwohl italienische und deutsche Truppen die Gegend mehrfach durchkämmten.

Auch heute scheint der riesige Urwald nahe Gottschee (Kočevje) undurchdringlich. Endlos reihen sich die Baumwipfel, hier fühlt man sich wie verschluckt, das Handy ohne Empfang, das Autoradio rauscht. Dann kommt eine Weggabelung.

Auf einem der Schilder steht „Kočevje“ und auf einem anderen liest man „Grobišče“. Grobišče heißt „Gräber“. Einfach Gräber, mehr steht da nicht. Man kann es übersehen und weiterfahren. Man kann aber auch aussteigen, wieder über Wurzeln klettern, so lange, bis die Fichten und Buchen eine Senke freigeben. In ihrer Mitte, in einer Kapelle, flackern Grablichter. Vertrocknete Tulpen liegen vor Holzkreuzen. Auf einem der Kreuze ist eingeritzt: Alojz K., 1909 bis Juni 1945. Man schaut erst auf den Namen, dann auf das Datum. Juni 1945. Danach ist nichts mehr einfach. Jetzt beginnt die andere Heldengeschichte.

Es war warm und sonnig, als der Krieg vorbei war im Juni 1945. Während in Laibach die Menschen wieder am Fluss spazierengingen, führten bewaffnete Partisanen Zehntausende ihrer Landsleute in die Wälder. Sie stellten sie vor Steinbrüche, Bergwerksschächte, vor Karstspalten und Felsschluchten und schossen. An manchen Tagen, so heißt es, färbten sich die Bäche rot vom Blut der Toten. Rund 60000 Kroaten und 14000 Slowenen, Kriegsgefangene und Zivilisten, beschuldigt der Zusammenarbeit mit den deutschen Besatzern. Alojz K. war einer von ihnen. Er und die anderen wurden erschossen, ohne von einem Gericht verurteilt zu sein. Rache brauche keinen Richterspruch, befand

Baza 20, das Führungsquartier der Partisanen von 1943-45, ist heute ein Ausflugsziel

Josip Broz Tito (r.), hier mit seinem Stab Anfang 1943, war Oberbefehlshaber der Partisanenarmee

Tito, Oberbefehlshaber der Partisanenarmee. „Nur einem kleinen Teil der Verräter ist es geglückt, zu fliehen. Diese Minderheit wird nie wieder unsere herrlichen Berge und unsere blühenden Felder erblicken", rief er der jubelnden Menschenmenge auf dem Kongressplatz in Laibach zu.

Der Jubel verstummte, die Witwen zogen schwarze Kleider an, Schweigen legte sich über das Land. Schweigen und Angst. Bis zur demokratischen Wende 1991 war das Nachkriegsmassaker ein Tabu. Wie konnte Slowenien unbemerkt zu einem der größten Massengräber Europas werden?

„Wir haben es alle gewusst, aber wir wollten's nicht wissen. Mein Vater und die Väter meine Freunde waren alle Partisanen. Mit Kindern der Kollaborateure hatte ich nie zu tun", sagt Vasko Simoniti. Der Geschichtsprofessor gehört zur Generation von Intellektuellen und Künstlern, die angetreten sind, das Schweigen zu brechen. Mit dem Schriftsteller Drago Jančar organisierte er 1999 die Ausstellung „Die dunkle Seite des Mondes", die erstmals den Tito-Totalitarismus öffentlich thematisierte. Seitdem streiten die Gegner von einst, diesmal mit Worten und Pamphleten. Es geht um Schuld an einem Krieg von Domobranci gegen Partisanen, Royalisten gegen Kommunisten, Gläubigen gegen Ungläubige, Slowenen gegen Slowenen.

Janez Zdešar reist an einem sonnigen Tag von München nach Slowenien. Er war einer von 13000 Domobranci, den Landeswehrsoldaten, die mit den Deutschen kollaborierten. Er ist einer von 1000, die das Nachkriegsmassaker überlebten. Der Priester schaut auf sein herbstliches Heimatland, dass er erst 45 Jahre nach Kriegsende zum ersten Mal wiedersehen durfte. Wann immer der 79-jährige große, gewichtige Mann nach Laibach kommt, übernachtet er bei seiner Schwester in deren Wohnung am Stadtrand. Hier hat er seit der Wende oft gesessen und trotzdem wirkt er, als glaube er noch immer nicht ganz ans Hiersein. Er sagt: „Ich würdige ihren Mut, ihren Einsatz. Aber das ist nicht die ganze Wahrheit. Ja, sie wollten das Land befreien, aber sie wollten es auch erobern. Es ging um die kommunistische Revolution, von Anfang an."

Als die deutsche Luftwaffe im April 1941 Belgrad zerbombte und das Königreich Jugoslawien auseinanderfiel, hatte es Slowenien gleich mit drei Besatzern zu tun: mit Deutschen, Italienern, Ungarn. Ihnen standen vor allem in der italienischen Zone zwischen Save und nördlicher Adriaküste jede Menge Widerstandsgruppen entgegen: Slowenischer Bund, Legion Sokol, Tschetniks, königstreue Truppen – alles bürgerlich-konservative Gruppen, deren Tragödie ihre Uneinigkeit war.

Wesentlich erfolgreicher war die Kommunistische Partei unter Josip Broz (Tito) wie auch ihr slowenischer Zweig. Tito konnte bis Kriegsende eine 400000 Mann starke Partisanenarmee hinter sich versammeln. Ihr Markenzeichen: ein fünfzackiger roter Stern auf den Kappen. Ihr Erfolgsrezept: ein „nebel- und wolkenartiges Wesen" zu sein, wie General von Clausewitz Partisanenheere in seinem Klassiker „Vom Kriege" beschreibt.

Die kleinen Truppen kämpften selten frontal, überraschten ihre überlegenen Feinde mit nächtlichen Angriffen, sprengten Brücken, kappten Telefonleitungen. Doch nicht nur in Guerillataktiken kannten sich die Kommunisten aus, auch in Machtfragen waren sie gute Strategen: Da der slowenische Zweig der Partei nur rund 1000 Mitglieder zählte, schmiedete man eine Koalition mit anderen linken Gruppen. In der Osvobodilna Fronta, der Befreiungsfront, waren formal zwar die Christlich-Sozialen in der Mehrheit, die Kommunisten verfügten aber über alle wichtigen Positionen. Auch nach außen monopolisierte die Gruppe um Edvard Kardelj den Kampf. Von Anfang an verbot sie jede Aktion außerhalb ihrer Front.

1943 wird die von den Partisanen besetzte Stadt Kočevje (Gottschee) kurzfristig von den Domobranci und der deutschen Wehrmacht zurückerobert

Wie viele Slowenen stammt Janez Zdešar aus einer katholischen Familie. „Für strenge Katholiken war es keine Frage, ob wir mit den Kommunisten kämpfen", sagt der Priester. Der damals 15-jährige Gymnasiast paukte nachmittags lieber Marschbefehle. Alles Trockenübungen – die Praxis war der katholischen Schülergruppe nicht erlaubt. Gymnasium, Militärschule, Abendessen mit den Eltern – das Leben ging auch im Krieg weiter, irgendwie. Bis zum 12. Juni 1942. Bis zu jener Nacht, als der Bürgermeister von Horjul, einem kleinen Dorf nahe Laibach, und seine Frau starben. Es waren Ivan und Marjana Bastič, Onkel und Tante von Janez Zdešar. Zwei von rund 6000 Slowenen, die während des Krieges von slowenischen Partisanen ermordet worden sein sollen.

Der Widerstand der Partisanen gegen den Faschismus und ihr Sieg gehören zum Gründungsmythos des slowenischen Staates

Die meisten von ihnen waren keine Opfer einer entfesselten Gewalt: Die Geheimpolizei tötete zielgerichtet. Es gerieten all jene ins Visier, die einer neuen Ordnung im Wege standen – Priester, Bürgermeister, bekennende Antikommunisten, auch Querdenker aus den eigenen Reihen. Und manchmal wurde nicht nur der potenzielle Feind, manchmal wurde auch gleich die ganze Familie erschossen.

Während zwischen April und August 1942 die Gewalt eskalierte, formierten sich die bürgerlich-konservativen Kräfte. Ortswehren, Todeslegionen, Milizia Volontaria Antikommunista, später die Landeswehr, die Terrorgruppe „Schwarze Hand". Die Antikommunisten zögern nicht, sie foltern und töten tausende Partisanen, in alleiniger Aktion oder gemeinsam mit den Besatzern.

„Ich habe keine Sekunde überlegt und mich sofort gemeldet", so Janez Zdešar. Der damals 18-Jährige verwandelt sich in den Landeswehrsoldaten Nummer 527. Streift die blaue Uniform der Domobranci über und reiht sich ein in die Bataillone, die von Deutschen und Slowenen gemeinsam aufgestellt werden. Am 20. April 1944, Hitlers 55. Geburtstag, versammeln sie sich im Stadion von Laibach. Die deutsche Hymne erklingt, Bischof Rožman liest die Messe und verlässt das Stadion, bevor seine Landsleute diese Worte sprechen:

„Ich schwöre beim Allmächtigen, dass ich zusammen mit der bewaffneten deutschen Wehrmacht, die unter dem Befehl des Führers Großdeutschlands steht, mit den SS-Truppen und der Polizei im Kampf gegen die Banditen und den Kommunismus sowie seinen Verbündeten meine Pflichten erfüllen werde..."

Der Eid der Domobranci schockierte die westliche Welt. Vor allem der Passus über die „Verbündeten" – die Partisanen kämpften seit der Teheraner Konferenz von 1943 offiziell an der Seite der Alliierten. Das Bataillon von Janez Zdešar war zur Vereidigung nicht nach Laibach bestellt. „Zum Glück. Ich wäre sonst in innere Not geraten. Aber alle haben nur aus taktischen Gründen geschworen. Es gab am Sieg der Alliierten keinen Zweifel. Wir wollten die kommunistische Revolution verhindern. Am Ende hat das die meisten von uns das Leben gekostet".

„Als sich im Mai 1945 die Partisanen an den ersten Domobranci rächten, hörte man manchmal die Schüsse aus den Wäldern bis in die Dörfer", erzählt Bogdan Osolnik. Der alte Mann schreitet gestützt auf einem Stock über das Laub ins Dickicht. „Baza 20", das Führungsquartier der Partisanen, liegt seit der Wende meist verlassen zwischen den Bäumen – außer an Sonntagen wie heute. Dann schwirrt schon mal eine Ausflugsgruppe um die Baracken, unter ihnen ein 85-jähriger ehemaliger Partisan.

Der eremitierte Soziologieprofessor mit seiner blauen, schräg sitzenden Schiebermütze sieht ein bisschen so aus, wie man sich einen alten Freiheitskämpfer vorstellt. „Damals konnten wir uns keinen Reim auf die Schüsse machen. Man erzählte uns, es seien noch ein paar versprengte SS-Gruppen im Wald. Es ist furchtbar! Das Massaker hat unserem Ansehen sehr geschadet. Und dabei erteilte nicht die slowenische, sondern die serbische Führung den Mordbefehl".

In Baracke 22 sind Fotos ausgestellt. Bilder aus einem der 240 versteckten Krankenhäuser, auf denen sich Frauen über Männer mit schmerzverzerrten Gesichtern beugen. „Schauen Sie", sagt Bogdan Osolnik leise und schüttelt den Kopf. „Und sie wollen uns heute als Kollaborateure des Kommunismus abstempeln. Die Domobranci können sich nicht mit ihrer Niederlage abfinden. Wir haben uns alle schuldig gemacht. Aber kann man ihn mit gleicher Elle messen, unseren Idealismus und ihren Verrat?" Osolnik greift nach seinem Stock, schmunzelt und meint: „Haben Sie die Werbung gesehen? Jetzt sind die Jungen an der Reihe. Wir Alten sterben zum Glück aus."

Abends in Laibach füllen sich die Cafés mit jungen Leuten. Man flaniert, knutscht, lacht. Eine Jazzband spielt, daneben leuchtet ein Plakat in einem Glaskasten. Über dem ernst blickenden Mann steht in roten Lettern: „Zbudi se!" – „Wach auf". Und „Totalna Revolucija". Darunter prangt statt Hammer und Sichel Handy und Sichel: Bei der Revolution von 2004 handelt es sich nur um Telefontarife. □

Antje Liebsch *war überrascht von der Offenheit aller ihrer Interviewpartner.*

Piraner Panorama: Klassizistische Fassaden und der Turm der St.-Georgskathedrale begrüßen die von See kommenden Besucher

Jenseits von Venedig

PIRAN, IZOLA, KOPER Die drei kleinen Schwestern der italienischen Lagunenstadt sind die Schmuckstücke der Küste. Eng verwandt und dabei so verschieden, wie es nur Geschwister sein können

Text: Verena Carl, Fotos: Marc-Oliver Schulz

Im Zentrum von Piran ist die Anlage des alten Hafenbeckens noch zu erahnen – genau dort, wo die ovale Piazza ist

Der Tartini-Platz, gesäumt von venezianischen Palazzi und Straßencafés, ist der Mittelpunkt von Piran

Die Romantische: Piran

Sie ist die Primadonna unter Sloweniens Küstenstädten. Zum Glück ganz ohne Allüren und bezaubernd wie eine Sommerliebe

Wer Piran verstehen will, muss zuhören können: dem Meer, das an windigen Tagen so hoch über die Kaimauer spritzt, dass Muscheln auf den Hotelbalkonen landen. Dem Hall der Schritte in den engen Höfen und Gassen. Dem vielstimmigen Plätschern und Gurgeln in den Regenrinnen. Und er muss die Salzluft einatmen, bis der Boden unter den Füßen zu schwanken beginnt, als wär er ein Schiffsdeck.

Gar nicht so abwegig. Denn wo heute die Marmorplatten des Tartini-Platzes liegen, war früher das Hafenbecken. Und wenn es stürmt, steht das Adriawasser hier knöchelhoch, als wär's ein Stück vom venezianischen „Acqua Alta". Kein Zufall: Vom 13. bis ins 18. Jahrhundert gehörte Piran, genau wie seine Schwesterstädte Izola und Koper, zur Republik Venedig. 1797 kamen die Habsburger an die Macht. Sie schütteten das veralgte Becken zu, verlegten den Hafen ein paar Meter weiter und errichteten Regierungsbauten rund um den Platz.

Auch an die Venezianer erinnert manches: Auf dem Altstadthügel thront der Turm der Georgskirche wie eine Miniaturausgabe des Campanile vom Markusplatz. In den Gassen leuchten die Palazzi ochsenblutrot und adriablau, dekoriert mit Spitzbogenfenstern und geflügelten Steinlöwen. „Benečanka" (Venezianerin) heißt der berühmteste von ihnen. Ein Kaufmann aus Venedig soll ihn für seine Geliebte gebaut haben, und die Liaison sorgte für Tratsch. „Lasst sie doch reden", sprach der Bauherr – diese Worte im venezianischen Dialekt stehen bis heute an der Fassade.

Das dachte sich wohl auch der Geiger Giuseppe Tartini, der etwa 300 Jahre später gleich nebenan zur Welt kam. Seit mehr als 100 Jahren hält seine Bronzestatue Wind und Wetter stand, das Instrument hat er trotzig hinter dem Rücken versteckt. Eines Tages wird er darauf wieder seine Teufelstriller-Sonate spielen, so die Legende – aber erst, wenn in der Kirche des heiligen Georg eine Jungfrau ihr Ja-Wort gibt. Aber Liebe vor der Ehe scheinen auch die jungen katholischen Sloweninnen zu lieben.

Im Sommer ist die Landzunge mit der Altstadt von Badelustigen belebt – dann verwandelt sich die graue Asphaltpromenade in einen bunten Strand, liegen die Menschen auf Luftmatrazen, Handtüchern und Liegestühlen – das Gesicht zur kühlenden Adria gewandt. Gegen Abend lockt das nahe Franziskanerkloster Romantiker an: Konzerte bringen den Kreuzgang zum Klingen, die tief stehende Sonne taucht das Gemäuer in ein Licht wie auf den Bildern alter Meister.

Auch die Kaffeehäuser Pirans können sich sehen lassen – Habsburg lässt grüßen. Im „Tartini" sitzen alte Herren bei der Zeitungslektüre, während auf einem Drehteller ein einsames Stück Sahnetorte seine Kreise zieht. Wenn es kälter wird, geht man in die schicke „Café Bar Neptun" und nippt am Caipirinha – Hochseefeeling inklusive.

Später zurück ins Hotel, die Empfangsdame trägt ein blaues Kostüm, in dem sie ausschaut wie die Hostess eines Luxusliners. Wer weiß – vielleicht segelt die Stadt tatsächlich über Nacht davon. Einmal nach Venedig und zurück.

Hotel Piran
Stjenkova 1
Tel. (567) 621 00, www.hoteli-piran.si, DZ 56-118 €. Frisch renoviertes Hotel an der Strandpromenade. Zimmer mit Meerblick buchen!

Hotel Tartini
Tartinijev trg 15
Tel. (567) 116 66
www.hotel-tartini-piran.com
DZ 60-104 €. Traditionshaus. Tipp: Penthouse-Suite mit Blick über Altstadt und Hafen

Restaurant Tri Vdove,
Prešernovo nabrežje 4
Gutes Fischrestaurant an der Uferpromenade. Lecker die „Calamari alla Triste"

Café Tartini,
Tartinjev trg 3
Kaffee in allen Varianten

Café Bar Neptun
Dantejeva 4
Segler-Treff mit großer Cocktailkarte

Café Teater
Stjenkova 1
Populärer Treffpunkt mit Adriablick. Sehr teuer!

Franziskanerkloster
Auf dem Hügelrücken über der Stadt steht die Kirche des hl. Georg (1637) mit Baptisterium und Glockenturm: wunderbarer Ausblick!

Abendstimmung am Tito-Platz: der Prätorenpalast ist das schönste Gebäude der Stadt

Die Geheimnisvolle: Koper

Die größte Stadt an der slowenischen Adria geizt mit Reizen. Aber nur auf den ersten Blick

Restaurant Istrska Klet
Župančičeva ul. 39
Bodenständige Küche: Kutteln, Gnocchi, Bohnensuppe

Caffe della Loggia
Titov trg 1
Sehr chic: Kaffeetrinken wie einst die Prätoren

Kellerei Vinakoper
Šmarska cesta 1
tgl. außer So
Probierstube, Weinverkauf

Domkirche
Besonders sehenswert: Altarbild des italienischen Malers Carpaccio von 1516

Prätorenpalast
Das prunkvolle Haus war früher Sitz der Podestaten und Kapitäne von Venedig

Venezianische Palazzi
Neben dem Prätorenpalast finden sich weitere Zeugnisse venezianischer Architektur und Baukunst

Beginnt ein Märchen mit den Worten „Es waren einmal drei Schwestern“, dann weiß man gleich: Eine ist anders als die anderen. Scheu, geheimnisvoll – aber mit einer besonderen Gabe. Diese andere Schwester ist Koper: auf den ersten Blick eine gesichtslose Industriestadt. Auf den zweiten Blick eine magische Zeitmaschine.

Der zentrale Platz in der weitgehend verkehrsberuhigten Altstadt heißt „Titov trg“ wie zu Zeiten des früheren Staatsgründers – mittlerweile eine exotische Ausnahme in Ex-Jugoslawien. Doch damit fängt die Zeitreise erst an. Der Tito-Platz ist ein steinernes Bilderbuch, die Fassaden mit ihren Fresken und Inschriften erzählen Geschichten von weltlicher Macht und geistlicher Autorität. Noch liegen einige der Gebäude im Dornröschenschlaf, mit zerbrochenen Fensterscheiben und rieselndem Putz, doch schon bald soll es hier wieder aussehen wie zu vergangenen Glanzzeiten. Der Prätorenpalast überrascht mit einer ungewöhnlichen Zinnenkrone und seiner zweigeteilten Fassade, in der Gotik begonnen und in der Renaissance zu Ende gebracht. Das schönste Gebäude Kopers wurde erst kürzlich fertig renoviert; ins ehemalige Gästehaus der Ratsherren („Foresteria“) und in die Waffenkammer („Armeria“) sollen in ein, zwei Jahren Fakultäten der jüngst gegründeten Universität einziehen. Gegenüber liegt die Domkirche, die im Lauf der Jahrhunderte immer größer und wuchtiger ausgebaut wurde. Bis sie den romanischen Wehrturm auf dem Platz erreichte und kurzerhand schluckte: Er macht sich jetzt hervorragend als Glockenturm. Wer hinaufsteigt, wird mit einem herrlichen Blick über die Altstadt belohnt.

„Koper hat eine Seele“, sagt Diana, Ethnologiestudentin mit tomatenrot gefärbten Haaren. Die Vorlesungspausen verbringt sie am liebsten auf der überdachten Prachtterrasse des „Café Loggia“. Im 15. Jahrhundert trafen sich hier die Stadtoberhäupter aus dem Prätorenpalast mit Würdenträgern im Ruhestand und beratschlagten: Sollte man die Flotte erweitern, Fisch nach Genua verkaufen, nach Rom pilgern? Zu Zeiten der Habsburger wurde die Loggia ein Kaffeehaus, hier dachte der französische Dichter Stendhal über neue Romanfiguren nach. Liegt auch nahe: Der Platz ist die perfekte Open-Air-Bühne und seit 500 Jahren steht auf dem Spielplan: das Leben. Kleinkinder jagen nach Tauben, Adria-Beauties präsentieren ihren gepiercten Nabel. Kämen plötzlich zwei venezianische Würdenträger in raschelnden Gewändern um die Ecke, es würde nicht verwundern. „Hier kann ich mir am besten vorstellen, wie es im 15. Jahrhundert ausgesehen hat“, sagt Diana.

Zu einem Koper-Bummel gehört auch ein Abstecher zur Kellerei „Vinakoper“. In der Probierstube mit den langen Holzbänken tischt die Verkäuferin Brot und luftgetrockneten Schinken auf, dazu den weißen Cuvée „Plemenito Belo“, der nach Birnen und Honig schmeckt. Danach ein Glas vom roten „Refošk“. Auf den ersten Schluck staubtrocken. Auf den zweiten mit einem durchdringenden Aroma von Kirschen und Waldfrüchten. Manchmal lohnt es sich, genauer hinzuschauen. Das gilt nicht nur für Wein.

Ein Spaziergang durch die Gassen der Altstadt von Koper versetzt den Besucher in die Zeit vor vier Jahrhunderten

Die Quirlige: Izola

Künstlerkolonie und Seglertreff – die kleinste der drei Adriastädte ist immer noch fast unentdeckt. Genau der richtige Moment, um hinzufahren

Ein Traum nicht nur für Segler: Izola lockt mit idyllischer Altstadt, moderner Marina und dem unverwechselbaren Blau der Adria

Der Mann hat Mut: „Ich interessiere mich für die hässlichen Seiten des Lebens“, sagt Milan Obradovič. Mitten in der Altstadt malt der Künstler expressionistisch angehauchte Bilder von hässlichen Huren und rotgesichtigen Säufern – nicht sehr souvenirtauglich. Das ebenerdige Atelier hat er für den symbolischen Preis von einem Tolar pro Jahr von der Stadt gemietet. Seit 1998 sind 18 Glasbläser und Töpferinnen, Lithographen und Schmuckbastler in die leer stehenden ehemaligen Metzgereien, Schusterläden und Bäckereien gezogen. „Eine Atmosphäre wie auf dem Montmartre“, freut sich der Mittfünfziger mit den dunklen Picasso-Augen.

Gar nicht einfach, in einer solch malerischen Umgebung Bilder zu konzipieren. Die aussehen, als hätte George Grosz mit einem schlecht gelaunten Marc Chagall eine Flasche Absinth gekippt. Izola ist eine Postkartenschönheit, mit mittelalterlichen Kirchtürmen und venezianischen Palazzi. Im Yachthafen

In der Altstadt bröckelt hier und da der Putz, aber der venezianische Löwe hält steinern Wacht am Fuß des Palais Besenghi degli Ughi

Restaurant Parangal,
Sončno nabrežje 20
Die Fischplatte ist exzellent! Innen neu gestaltet
Café Manzioli,
Manzolijev trg 5
Treff für Lebens- und andere Künstler
St. Maurus mit Glockenturm und Künstlerateliers
Koprska ul., Ljubljanka ul.
Drinnen wunderbare Gemälde
Palais Besenghi degli Ughi
Gregorčičeva ul.
Der Palazzo wird renoviert. Aber selbst die Fassade mit den schmiedeeisernen Balkonbrüstungen und Fenstergittern beeindruckt

dümpeln aufgemotzte Wasserspielzeuge aus aller Welt neben Fischerbooten mit Außenbordmotor, tanzen Sonnenkringel auf den Wellen. Nur das Promenadenrestaurant „Parangal" schaut aus, als sei die Tito-Zeit stehen geblieben: Stühle mit orangefarbener Plastikbespannung, ein Leuchtkasten mit Fotos von Pommes mit frittierten Calamari. Doch der verstaubte Eindruck täuscht: Die Seezungen sind so frisch, dass sie beinahe vom Teller schwimmen.

Künstler und Bohemiens auf Zeit treffen sich im „Café Manzioli" in der Altstadt. Man trinkt Espresso aus blauweißen Tässchen, lümmelt in Korbstühlen und beobachtet das Treiben auf dem Platz. Laute Stimmen, lebhafte Gesten – die Küstenbewohner gelten als „Italiener Sloweniens". Von hier aus kann man sich wunderbar durch die Altstadtgassen treiben lassen, vorbei an Palazzi mit bröckelndem Putz und kleinen Bars, in denen es nach Kaffee, Knoblauch und Reinigungsmittel riecht. Das schönste Gebäude ist der „Palais Besenghi degli Ughi" mit seiner verschnörkelten Barockfassade und den schmiedeeisernen Fenstergittern. In den nächsten Jahren soll er irgendwann für die Öffentlichkeit zugänglich gemacht werden – ein Traum für Bücherfreunde: Im Inneren lagert eine 3000 Bände umfassende Prachtbibliothek.

Daneben windet sich eine Gasse mit moosüberwuchertem Kopfsteinplaster hinauf zur Pfarrkirche St. Maurus („Cerkev Sv. Mavricij"), die ein wenig groß geraten ist für das Fischerstädtchen – vermutlich aus Dankbarkeit. Und auch aus Schadenfreude: Als eine Flotte aus Genua im 16. Jahrhundert die Stadt angriff, kam der Wetter-Heilige den Bewohnern mit einem dicken Nebel zu Hilfe – so die Legende. Die Genueser konnten nichts mehr sehen, segelten weiter und griffen Piran an. Gemein. Aber weil die Leute von Izola immer ein bisschen neidisch waren auf ihre reichen Nachbarn, fanden sie das ganz in Ordnung und bauten St. Maurus zum Dank eine Kathedrale. Auf dem Vorplatz mit den Kastanienbäumen trifft sich sonntags nach der Messe „tout Izola": Großmütter geschmückt mit ihren besten Kopftüchern, junge Mütter, die mit dem hübschen Priester artig plauschen, ein typisch mediterranes Bild. Und plötzlich sind da wieder die Gemälde von Milan Obradovič im Kopf: War da nicht ein Kirchturm im Hintergrund? Spielt da nicht ein Geiger ein Lied? Und sitzt nicht mittendrin ein bärtiger Mann mit Picasso-Augen und porträtiert eine schöne Nackte? Kein Zweifel, Izola färbt ab. □

Verena Carl *arbeitet als freie Journalistin und Romanautorin. Ihre Lieblingsstadt ist Venedig. Kein Wunder, dass ihr die slowenische Küste so gefiel.*
Marc-Oliver Schulz *bereiste für* MERIAN *auch die Štajerska, die slowenische Steiermark.*

Die Lust am Reisen
MERIAN
PREMIUM SHOP

Angebote für Leser

In unserem Premium Shop bieten wir allen Lesern exklusive Highlights: Seltene MERIAN-Ausgaben aus unserem Archiv und einzigartige MERIAN-Sammlerstücke. Zusätzlich erhalten Sie ab einem Bestellwert von 25,00 Euro das „Best of MERIAN“ gratis dazu! Für Ihre Bestellungen verwenden Sie den Coupon auf Seite 83.

MERIAN **FAMILY**

WEGWEISEND

MERIAN pcscout

Planen Sie Ihre Reise am PC. Mit über 50.000 Empfehlungen von MERIAN finden Sie in Deutschland, Österreich, der Schweiz, Norditalien und dem Elsass immer das richtige Reiseziel. Inklusive aktuelle Stadtpläne, Routenplaner, 750 Golfplätze und ADAC Verkehrsinfos. Preis: 25,95 Euro. **Kennwort: PCSCOUT**

UNENTBEHRLICH

MERIAN *kompass*

Der praktische Reise-Begleiter für unterwegs und am Ziel. Die drei neuesten Titel dieser praktischen Reihe können Sie hier bestellen. Sie kosten jeweils 6,50 Euro und haben zwischen 96 und 128 Seiten mit ca. 60 Farbfotos. Format: 9,5 x16 cm, Softcover mit Schutzeinband. **Kennwort: MERIAN kompass „Endlich Ferien“, „Olympische Spiele“, „Das neue Europa“**

JUBILÄUMSHEFT

Best of MERIAN

Ein Sammlerstück, das man nicht kaufen kann! Erleben Sie faszinierende Rückblicke in die Geschichte von MERIAN! Opulente Bildstrecken, faszinierende Reisereportagen, kluge und witzige Essays, einfühlsame Stadtporträts und engagierte Sozialfotografie. Blicken Sie hinter die Kulissen: Lesen Sie, wie das MERIAN-Magazin entsteht, oder wie sich MERIAN anhand von 654 Titeln im Wandel der Zeit zu Deutschlands großem Reisemagazin entwickelte. Zusätzlich beigelegt ist jedem „Best of MERIAN“ eine detaillierte Deutschlandkarte im Posterformat von 52 x 73,5 cm. Ab einem Bestellwert von 25,00 Euro erhalten Sie das „Heft der Hefte“ kostenlos dazu. Für Ihre Bestellung verwenden Sie bitte die Postkarte auf Seite 83.

Interessante Einblicke für jeden MERIAN-Liebhaber: die Titelparade der letzten 50 Jahre. Dazu ein Blick hinter die Kulissen: wie MERIAN entsteht und wie sich MERIAN verändert hat.

MERIAN-ABONNEMENT

Lust auf ein **Abonnement**

Wenn Sie MERIAN abonnieren möchten, erhalten Sie 12 Ausgaben im Jahr für 76,40 Euro (Auslandspreise auf Anfrage) statt 90,00 Euro bei Einzelkauf. Nutzen Sie den Preisvorteil von 15 % und sichern Sie sich Ihr Dankeschön: einen der vier MERIAN *live* Reiseführer. Mit Quickfinder in den Klappen, den Attraktionen jeder Reise auf einen Blick und gewohnt exzellenter MERIAN-Kartografie. Für Ihre Bestellung eines MERIAN-Abonnements verwenden Sie bitte die Postkarte auf Seite 83.

Unser Dankeschön für Ihr Interesse:
Wahlweise die besten Reiseziele Deutschlands, Italiens, Spaniens oder Skandinaviens. Kompakte Reise-Tipps auf über 550 Seiten.

MERIAN-**RARITÄTEN**

Weitere MERIAN-**RARITÄTEN** erhalten Sie auf Anfrage unter Telefon **0 40/87 97 35 40**

Lust auf MERIAN-Geschichte

Für Sammler und Geschichtsliebhaber haben wir unser Archiv geöffnet und offerieren Ihnen hier seltene Kulturschätze aus über 50 Jahren MERIAN. Die Archivexemplare bieten wir nur noch in sehr begrenzter Stückzahl und so lange der Vorrat reicht.

MERIAN LÜBECK
1948 **180,00 EUR**

MERIAN FLORENZ
1956 **120,00 EUR**

MERIAN SÜDTIROL
1957 **100,00 EUR**

MERIAN PRAG
1961 **69,00 EUR**

MERIAN BULGARIEN
1964 **61,00 EUR**

MERIAN MOSKAU
1967 **59,00 EUR**

MERIAN ISTRIEN/SLOWENIEN
1970 **57,00 EUR**

MERIAN DALMATIEN
1973 **55,00 EUR**

HISTORISCHE SAMMELSCHUBER **MERIAN**-Archiv!

Archivieren Sie Ihre MERIAN-Sammlung stilvoll und sicher in den exklusiven MERIAN-Sammelschubern aus Leder oder Leinen! Jeder Schuber bietet Platz für ca. 12 MERIAN-Ausgaben. Preise: Ausführung Leinen 12,90 Euro, Leder 24,90 Euro. **Kennwort: Schuber Leinen / Schuber Leder**

MERIAN

Die Lust am Reisen

EXTRA SHOP

Jedes Jahr erscheinen neben den 12 Monatsausgaben von MERIAN auch Sonderhefte von MERIAN: Die eigenständigen Ausgaben der Reihe MERIAN extra ergänzen mit ihrer originellen Art der Themenwahl und -aufbereitung das monatlich erscheinende Magazin. So werden interessante Städte und Regionen mit der gewohnten Merianqualität in einem eigenständigen MERIAN extra präsentiert. Weitere MERIAN extras sind aktuelle Länderkompendien, die das Wissen verschiedener Städte und Regionen in einer Sonderausgabe im Heftformat sammeln.

bereits erschienen

5,00 Euro

5,00 Euro

5,00 Euro

7,50 Euro

aktuell

Bonns Oberbürgermeisterin Bärbel Dieckmann überreicht Bundespräsident Köhler das neue MERIAN extra Bonn.

5,00 Euro

5,00 Euro

in Vorbereitung

lieferbar ab März 2005

lieferbar ab März 2005

lieferbar ab März 2005

Alle abgebildeten MERIAN extras und jüngst erschienene MERIAN Titel (siehe Programmauflistung rechts) können Sie bequem mit der Bestellpostkarte auf der rechten Seite oder im Internet unter: www.merian.de zum jeweiligen Magazinpreis frei Haus bestellen. Noch nicht erschienene Titel werden vorgemerkt und bei Erscheinen ausgeliefert.

PROGRAMM

AUSWÄHLEN UND BESTELLEN

Lieferbare MERIAN-Titel

Ägypten
Amsterdam
Andalusien
Athen
Autostadt in Wolfsburg
Baden-Württemberg
Baltikum
Barcelona
Best of Italy
Berlin
Brasilien
Budapest
Burma-Myanmar
Chicago
Chinas Norden
Cote d'Azur
Danzig & Masuren
Das neue Ruhrgebiet
Deutschland
Dominikanische Republik
Elsass
Florida
Frankfurt
Franz. Atlantikküste
Gardasee
Große Ferien
Hamburg
Harz
Hongkong
Indiens Norden
Indiens Süden
Irland
Istanbul
Italien
Japan
Jerusalem
Kalifornien
Kanadas Osten
Kanarische Inseln
Köln
Krakau
Kreta
Kroatien
Kuba
Leipzig
Ligurien
Lissabon
Loire
London
Madrid
Mallorca
Marokko
Mauritius
Mecklenburg-Vorpommern
Mexiko
Moskau
MS Europa
München
Neapel / Amalfi-Küste
Neuseeland
New York
Oberbayern
Paris
Piemont–Turin
Portugal
Prag
Provence
Rom
Sardinien
Schottland
Schweden
Schweiz
Shanghai
Sizilien
Spaniens Norden
Steiermark
Südafrika
Südengland
Sylt
Thailand
Tirol
Toskana
Umbrien
USA: Die Südstaaten
Wasserreich Niedersachsen
Weimar
Wien

SAMMELSCHUBER

MERIAN-Archiv!

Archivieren Sie Ihre MERIAN-Ausgaben in dem modernen MERIAN-Sammelschuber aus Acryl! Jeder Schuber bietet Platz für ca. 12 MERIAN-Magazine. Preis: 19,90 Euro.

Kennwort: Schuber Acryl

Die Lust am Reisen

MERIAN

PREMIUM SHOP

WETTERFEST

WINDBREAKER

Der klassisch blaue Windbreaker trotzt Wind und Wetter, ist aber angenehm leicht und durch den großzügigen Schnitt sehr bequem zu tragen.
Universalgröße: Large
Preis: 39,90 Euro

Kennwort: Windbreaker

Bitte freimachen falls Marke zur Hand. Oder bestellen Sie per Fax: **040/27172079**

ANTWORT

MERIAN
Premium Shop
Postfach 60 12 20

D-22212 Hamburg

Die Lust am Reisen

MERIAN

ABONNEMENT

Wenn Sie MERIAN abonnieren möchten, sichern Sie sich Ihr Dankeschön: einen der vier MERIAN *live* Reiseführer. Mit Quickfinder in den Klappen, den Attraktionen jeder Reise auf einen Blick und gewohnt exzellenter MERIAN-Kartografie.

Wunschtitel bitte ankeuzen:

- ☐ **Deutschland**
- ☐ **Italien**
- ☐ **Spanien**
- ☐ **Skandinavien**

Bitte freimachen falls Marke zur Hand. Oder senden Sie per Fax an: **040/27172079**

ANTWORT

MERIAN
Leserservice
Postfach 60 12 20

D-22212 Hamburg

Ich möchte bestellen.
Bitte liefern Sie die Produkte an folgende Adresse:

Name / Vorname des Bestellers

Straße / Haus-Nr.

PLZ / Ort

Tel.-Nr. / E-Mail

Datum / Unterschrift ME 02/05

Rechnung abwarten – bitte keine Vorauszahlung leisten.
Die Lieferung erfolgt, innerhalb Deutschlands, porto- und versandkostenfrei. Auslandslieferungen auf Anfrage.

☐ **Mit der Zusendung von Informationsmaterial bin ich einverstanden.**

☐ **Ich habe den Bestellwert von 25,– Euro erreicht und erhalte „Best of MERIAN" als Dankeschön dazu.**

Bitte tragen Sie hier die Kennwörter, Anzahl und Preise ein:

Kennwort	Anzahl	Einzelpreis (Euro)	Gesamtpreis (Euro)

Summe

Ein MERIAN-Abonnement bietet Vorteile:

1. 15% Preisvorteil
Sie erhalten 12 Ausgaben zum Vorzugspreis von 76,40 Euro statt 90,00 Euro.

2. Service
Sie erhalten jede MERIAN-Ausgabe pünktlich frei Haus. Porto und Verpackung zahlen wir für Sie.

3. Vertrauensgarantie
Eine Bestellung wird erst wirksam, wenn sie nicht binnen 14 Tagen schriftlich beim MERIAN-Leserservice, Postfach 60 12 20, 22212 Hamburg, widerrufen wird. Zur Wahrung der Frist genügt die rechtzeitige Absendung des Widerrufs.

4. Geld-zurück-Garantie
Sie können Ihr Abonnement jederzeit kündigen und erhalten für gezahlte und noch nicht gelieferte Hefte natürlich Ihr Geld zurück.

Bestellen Sie einfach und bequem per

MERIAN-Leserservice
Postfach 60 12 20
22212 Hamburg

040 / 87 97 35 40

040 / 27 17 20 79

www.merian.de

MERIAN Die Lust am Reisen

GUTSCHEIN

Lust auf Reisen?

MERIAN präsentiert zwölfmal jährlich ein lebensnahes und facettenreiches Porträt einer Stadt, einer Region oder eines Landes auf höchstem Niveau. Mit dem monatlich erscheinenden Magazin MERIAN erleben Sie einzigartige Bilder und packende Reportagen.

Das ist ein Geschenk für:

____

Die nächsten 12 Ausgaben
sind ein Geschenk von:

____

Die Lieferung beginnt, sobald die unten stehende Abo-Postkarte ausgefüllt an den MERIAN Leserservice, Postfach 60 12 20, 22212 Hamburg eingegangen ist.

☐ **Ich abonniere MERIAN für mich selbst.**
☐ **Ich möchte ein MERIAN-Abonnement verschenken.**

Name / Vorname des Beschenkten

Straße / Haus-Nr. / PLZ / Ort

Tel.-Nr. / E-Mail

Die Rechnung und das umseitig angekreuzte Dankeschön gehen an: (Adresse bitte unten eintragen). Der Jahres-Abo-Preis für 12 Ausgaben MERIAN beträgt 76,40 Euro frei Haus (innerhalb Deutschlands; Auslandspreise auf Anfrage).

Name / Vorname des Bestellers

Straße / Haus-Nr. / PLZ / Ort

Tel.-Nr. / E-Mail

Gewünschte Zahlungsweise bitte ankreuzen:
☐ **Gegen Rechnung** (Bitte keine Vorauszahlung leisten) ☐ **Bankeinzug** (Bequem und bargeldlos)

Bankleitzahl Kontonummer

Geldinstitut

Datum / 1. Unterschrift

Vertrauensgarantie: Die Bestellung wird erst wirksam, wenn sie nicht binnen zwei Wochen schriftlich beim MERIAN-Leserservice, Postfach 60 12 20, 22212 Hamburg, widerrufen wird. Zur Wahrung der Frist genügt die rechtzeitige Absendung des Widerrufs. Dieses Angebot gilt nur in der Bundesrepublik Deutschland und solange der Vorrat reicht. Das Dankeschön darf ich auch bei Widerruf behalten. Die Kenntnisnahme dieser Hinweise bestätige ich durch meine zweite Unterschrift:

Datum / 2. Unterschrift ME 02/05 22001 / 22002

Online geht die Reise los.

www.merian.de
Tausende von Reisezielen, Eventkalender, Reportagen, Tipps & Empfehlungen und weitere exklusive Angebote im MERIAN Premium Shop

DIE REISE NACH JERUZALEM

Durch die Štajerska, ein altes Stück Mitteleuropa

Text: Nicolaus Neumann, Fotos: Marc-Oliver Schulz

Am Ufer der Drau (Drave) zieht sich Ptuj entlang, die älteste Stadt Sloweniens. Geschützt wird sie vom Denkmalamt und von der klotzigen Burg Ptujski Grad

Die Štajerska ist die slowenische Fortsetzung der österreichischen Steiermark. Also gibt's hier grüne Hügel, mildes Klima, guten Wein sowie Schlösser und Kirchen meist in Barock

Die Gemeinschaft der Heiligen. Auf dem Glavni trg von Maribor, dem Rathausplatz des alten Marburg, säumen sie die für Habsburgerstädte so typische Pestsäule

Im stillen Winkel zwischen Österreich, Ungarn und Kroatien

Borl (Angerstein) an einer Furt an der Drau war Festung und später barocke Schlossanlage – mit Renaissance-Arkaden im Innenhof

Land-Art aus Winzerhand auf der Reise nach Jeruzalem

Das Weinbaugebiet um Jeruzalem ist ein sanft gewelltes Hügelgelände. Oben thront die frühbarocke Kirche Marie die Schmerzensreiche. Der Dorfname wird den Kreuzrittern zugeschrieben

Gemächlich windet sich die Drau (Drava) in weiten Schwüngen gen Osten. Der sonnige Herbsthimmel verwandelt den Strom in ein hellblaues Band. Und bis zu den fernen, diffus schimmernden Hügeln des Pohorje-Gebirges dehnen sich die Ausläufer der Pannonischen Ebene. Bei Borl (Angerstein), wo einst eine Fähre römische Legionen, später deutsche Kreuzritter, dann osmanische und habsburgische Reitertruppen, ungarische Freischärler und schließlich Hitlers SS und Titos Partisanen übersetzte, quert heute eine moderne Betonbrücke den Fluss. Gleich einem Ausrufungszeichen markiert ein schroffer, 60 Meter hoher Kalkfelsen am Südufer diesen historisch bedeutsamen Verkehrsknotenpunkt.

Dass sich hier jahrhundertelang nicht friedliche Handelswege, sondern gefährliche Kriegspfade kreuzten, verrät die Festung Borl, die den markanten Kalkfelsen krönt: Schneeweiß gekalkt leuchtet ihr meterdickes Schanzwerk bis weit in die zu ihren Füßen liegende Ebene. Hebt sich strahlend ab von der mit Wald und Wein bedeckten hügeligen Wildnis in ihrem Rücken.

Borl, imposanter Drehpunkt der slowenischen Steiermark, der historischen Untersteiermark: Hier, auf einem Siedlungsplatz der Steinzeit, bauten die Römer ein Kastell. Auf dessen Trümmern errichteten ungarische Adlige im 11. Jahrhundert eine Festung. Im 15. Jahrhundert gehörte der romanische Bau Ungarns Königen, die den Innenhof mit eleganten, dreistöckigen Renaissance-Arkaden schmückten. Gut 300 Jahre später wurde Borl von jener Barockisierungswut erfasst, mit der die Habsburger dem erstarkten Protestantismus im Land zeigen wollten, wie gottgefällige Baukunst auszusehen habe. Der slowenische Adel war begeistert – endlich Pracht und Prunk anstelle asketischer Strenge. Wo immer es ging, wurde nun alles romanisch Runde oder gotisch Spitze hinter heiter barockem Überschwang versteckt. Dieser kaiserlich-klerikalen Bauoffensive verdankt Slowenien seine rekordwürdige Zahl barocker Schlösser, Burgen, Herrensitze, Kirchen und Klöster – und den sinnlichen Charme vieler seiner Städte, Städtchen, kleinen Dörfer. Selbst manche abgelegenen Bauernhöfe spiegeln den Abglanz jener bauwütigen Zeit.

Doch der fröhliche Glanz bewahrte Borl nicht vor Schrecken: Oben auf dem Schloss wurde Gericht gehalten, unten im Tal standen die Galgen. Ein verblichener Lorbeerkranz, eine schmutzige Kranzschleife, eine verwitterte kleine Tafel im Innenhof des Schlosses erinnern daran – hier hatte die SS 1941 slowenische Partisanen eingekerkert und hingerichtet. Aber so wie die Gedenkkränze verblasst auch die Erinnerung. Für Bojan Gergjek, Delikatessenhändler im nahen Ptuj (Pettau), beginnt heute hinter Borl ein Schlaraffenmärchen: „Hier ist das Land, in dem der beste Wein und der süßeste Honig fließen."

Haloze heißt das slowenische Paradies im Rücken der Burg Borl. Die Hügelkette ist eine erdgeschichtliche Kuriosität: Sie riegelt die slowenische Steiermark nach Süden hin ab und bildet eine natürliche Grenze zu Kroatien. Dicht an dicht stehen die konisch geformten, spitz zulaufenden Bergkegel, als ob die Natur hier gekocht, Blasen geschlagen und dann sekundenschnell zu Stein erstarrt wäre. Schon am frühen Nachmittag versinken die tief eingeschnittenen Täler in dunklen Schatten. Nur die höher gelegenen Flanken der extrem steilen Hügel bekommen tagsüber genug Sonnenlicht, so dass die Bauern hier mühselig eine bescheidene Landwirtschaft betreiben können.

Haloze ist die vergessene Schöne unter den Weinbaugebieten. Hier laden kleine Winzer wie August Milošič zur Verkostung ein

Was für eine Landschaft! Bis in die sechziger Jahre gab es in der Haloze keine befestigten Straßen, für die Kinder kaum Schulen, für die Bauern wenig Wirtshäuser. Junge Leute verließen ihre unwegsame Heimat – von Polenta und Wein wurde man zwar satt, aber nicht reich. Die Haloze wurde ein Niemandsland, in dem kaum etwas die Natur daran hinderte, sich auszubreiten. Riesige dichte Buchen- und Eichenwälder bedecken heute die Schattenseiten der Hügelkette wie ein dicker Pelz. Auf dem feuchtwarmen Waldboden gedeihen seltene Blumen wie Kurzhaarige Nabelmiere und Zois-Glockenblume, und wilde Alpenveilchen wuchern gleich in teppichgroßen Flächen. Kein Wunder, dass die Haloze zum Ferienziel für österreichische Urlauber geworden ist. Die sorgen nun endlich für bescheidenen Wohlstand. Nur der immer noch hinterwäldlerische Straßenzustand verhindert, dass die „wilde Schöne", wie der Windmühlenbauer August Milošič seine hügelige Heimat nennt, überrollt wird.

Über halsbrecherisch steile und enge Serpentinen erreicht man den Weiler Mali Okič, in dem das blank geputzte zweistöckige Klinkerhaus des Mühlenbauers steht. Er ist mit 64 Jahren heimgekehrt, hatte genug Geld in Deutschland verdient. August denkt ökonomisch, baut modern und lebt doch altväterlich: An Feiertagen geht er meilenweit zur nächsten Kirche; seinen kleinen Weinberg bewirtschaftet er noch mit Hacke und Spaten und natürlich ohne Chemie. Seine Frau zieht Kohl und Kartoffeln, Paprika und Tomaten im Garten und füttert zwei Schweine hinter dem Haus. Und das Zubrot verdient sich August mit einem uralten Handwerk, das er als einer der letzten der Region beherrscht: dem Bau von Klapotezen – hölzernen Windmühlen. Deren Geklapper soll Vögel erschrecken und aus den Weinbergen vertreiben. Es ist die Musik der Haloze: Das scheppernde „Klackklack" füllt die Hügel im Herbst von Hrastovec bis Donačka gora.

Von Augusts Hausberg ziehen sich 1500 Weinstöcke in engen Reihen ins Tal: „Eine schwere Arbeit", sagt August. „In den meisten Lagen der Haloze können wir keine horizontalen Terrassen anlegen – die Hänge sind zu steil. Auch für Maschinen. Jeder starke Regen spült die Erde weg, und wir müssen sie körbeweise wieder nach oben tragen." Der Wein, den August selbst keltert und den er uns unter alten Apfelbäumen einschenkt, ist goldgelb und zuckersüß. „Die Kroaten mögen ihn so", sagt er. Die mag August zwar nicht, aber sie leben in Sichtweite und kommen im Herbst über die Grenze zu ihm, um Wein oder Trauben zu kaufen.

Mithras als stiertötender Gott im Mithräum von Breg. In Ptuj gibt es unzählige Relikte des römischen Kults

Die berühmten Weißweine der Haloze aber findet man nicht bei den Freizeitwinzern, sondern in Gasthäusern, die meist auf den Hügelspitzen thronen und zu Essen und Trinken immer eine Fünf-Sterne-Fernsicht bieten. Doch die Buschenschänken, in denen man zum Wein luftgetrockneten Schinken, würzigen Ziegenkäse und sogar Weinbergschnecken bekommt, machen uns Probleme und Gewissensnöte: Sie sind nur über kurvenreiche Berg- und Talstraßen zu erreichen, und der Autofahrer muss immer auf den Wein verzichten!

Fußwanderer sind da besser dran, der gut ausgeschilderte „Haloze-Bergwanderweg" streift die meisten dieser Schlemmerstationen. Er beginnt bei Burg Borl und führt über die höchsten Hügel durch die tiefsten Täler bis auf den Donačka gora. Zwölf schöne Aussichtspunkte und eine echte Herausforderung verspricht die Wanderwegkarte: Den 882 Meter hohen Gipfel erreichen nur Schwindelfreie über eine mit Eisenhaken gesicherte Kletterstrecke. Touristen, denen der Fußmarsch zu anstrengend, eine Autofahrt zu aufregend ist, können sich vom Reisebüro in Cirkulane mit Fahrrädern ausrüsten lassen. Doch bei Steigungen von zwölf und mehr Prozent muss man schon Kondition von daheim mitbringen.

Glücklicherweise gibt es sanftere Wege zum Wein: den „Vinska klet", den tief unter die Stadt getriebenen Weinkeller in Ptuj. Das wenige Kilometer nördlich gelegene Marburg (Maribor), die zweitgrößte Stadt Sloweniens, hat zwar einen Dom, eine Universität, ein Theater und beherbergt in seinen Mauern den mit 400 Jahren angeblich ältesten Weinstock der Welt – doch all das kann die Bürger von Ptuj, der ältesten Stadt Sloweniens, deren Weintradition 350 Jahre älter ist, nicht sonderlich beeindrucken. „Fast alles steht hier unter Denkmalschutz", kontern sie. Römer siedelten in Ptuj, sogar einer ihrer Kaiser wurde hier ausgerufen, Salzburger Bischöfe und Habsburger Marschälle residierten auf dem von ihnen errichteten Schloss über der Stadt, Minoriten und Dominikaner verwalteten von hier aus ihre Weingüter in der Haloze und deutsche, italienische und österreichische Adlige regierten in Ptuj. Und alle hinterließen unübersehbare Spuren.

Slowenisches Mittelalter mit mediterranem Flair: Angenehm locker gehen die Einwohner von Ptuj mit ihrer denkmalgeschützten Stadt um. Sie nutzen deren architektonischen Kunstwerke als farbenprächtige Kulisse für Promenaden, für ihren Klatsch und Tratsch. Outdoor ist in Ptuj in – ob vor Renaissancefront oder Barockportal, wo immer sich ein Plätzchen finden lässt, stellen sie Tische und Stühle davor, spannen Sonnenschirme darüber und servieren Bier, Espresso und vor allem Wein. Noch bis spät in den Herbst deckt das Fischrestaurant „Ribič" seine Tische auf einer Terrasse direkt an der Drava: Der legendäre Feinschmeckertreff ist zugleich eine Art Weinscheide. Denn während im Weinkeller von Ptuj die seltensten und ältesten Halozeweine lagern, die dort besichtigt und verkostet werden können, hat das „Ribič" ausschließlich Weine aus der zweiten, bedeutenderen Anbauregion der Štajerska auf der Karte – die berühmten Jeruzalemweine. Die besten Sloweniens, sagen Kenner.

Die Ruine des Kartucija Žiče (1160) bei Spitalic. Früher slowenischer Superlativ: Dies war das erste Kartäuserkloster in einem nichtromanischen Land

Legionäre und Klosterbrüder an uralten Wegen zwischen Ostsee und Adria

Einer der schönsten Profanbauten des Spätbarock ist das Schloss Dornava östlich außerhalb von Ptuj

Einer der bedeutenden Winzer des Landes ist Jože Kupljen aus Jeruzalem. Seine Spezialität sind trockene Rotweine

MERIAN | TIPP Štajerska

(M 2) CIRKULANE / HALOZE
Tourinfo, Pristava 21a, Tel. (02) 762 00 60, www.halo.si
Infos über Haloze-Bergwanderweg und Buschenschänken
Gasthaus und Pension Krona
Cirkulane 60
Tel. (02) 761 15 01, DZ 30 €, Gemütlicher Landgasthof mit einfachen Zimmern

(M 2) PTUJ
Touristinfo TIC, Slovenski trg 14, Tel. (02) 779 60 11, www.ptuj-tourism.si
Hotel Mitra
Prešernova 6 (Altstadt)
Tel. (02) 774 21 01
www.hotel-mitra-fm.si
DZ 45 €, Erstes Haus am Platz mitten in der Altstadt
Restaurant Ribič
Dravska ul. 9
Tel. (02) 787 75 60
Fischspezialitäten, Jeruzalemweine
Schloss Ptuj
Muzejski trg 1, sommers 9-18, winters 9-17 Uhr, Museum für adlige Wohnkultur
Römische Mithräen-Schreine
Besichtigung nach Voranmeldung bei Pokrajinski muzej Muzejsk trg 1
Tel. (02) 787 92 40
Vinska klet
Trstenjakova ul 6,
Tel. (02) 787 98 10
tgl. 8-20 Uhr, Voranmeldung!
Historischer Weinkeller, in dem alte Halozeweine gelagert werden.
Velika Nedelja
Grad 9, Tel. (02) 719 81 89
Di-Sa 10-16, So 10-13 Uhr, Deutschritterschloss – eine mächtige barocke Wehranlage

(M 2) JERUZALEM
Das Tourismusbüro Ormož führt eine Unzahl Weinwirtschaften in der Jeruzalemregion, die meisten mit Restaurant, viele mit Gastzimmern
Občina Ormož
Ptujska cesta 6
Tel. (02) 741 53 04
Weinakademie Vino Kupljen Ivanjkovci
Tel. (02) 719 40 01
www.vino-k.de,
Experten erklären den Wein
Restaurant Taverna
Jeruzalem-Sventinje
Tel. (02) 719 40 15
www.taverna.mn.si, DZ 43 €
Buschenschänke und Wirtshaus, Gästezimmer

Nach Jeruzalem also. Die Reise führt durch eintönige Maismonokulturen, kulturhistorisch gesehen aber vom Salzburger Bischofssitz Ptuj und vorbei an Dornava, dem schönsten Barockschloss Sloweniens, in das frühere Herrschaftsgebiet des Deutschen Ritterordens um die Grenzstadt Ormož. Die großen Güter, die der Orden hier besaß, wurden größtenteils vor dem Zweiten Weltkrieg, manche aber auch erst danach verstaatlicht. Zeugnis ihrer einstigen Macht ist das wuchtige, von Wehrtürmen zusammengehaltene Schloss Velika Nedelja, das 700 Jahre lang Residenz der Ordensritter war.

Gleich hinter dem Schloss beginnt die Weinstraße von Ormož nach Ljutomer. Tatsächlich ist sie keine Straße, sondern ein Geflecht aus engen Sträßchen und sandigen Wegen, das wie ein feinmaschiges Netz die leicht gewellte Hügellandschaft Omoške Gorice überzieht – eine liebliche pastorale Landschaft, so ganz anders als die wilde Haloze. Statt dunkler Wälder lichte Baumgruppen in leuchtend grünen Wiesentälern. Verstreut dazwischen liegen bunt gekalkte Bauernhäuser – von grellem Pink bis zu giftigem Lindgrün und zartem Himmelblau reicht die Palette, selbst Lila taugt als Wandfarbe. Vor den ordentlich geputzten Höfen sitzen Frauen in der Sonne, entkernen Kürbisse, um daraus Kürbiskernöl zu pressen, während Männer mit Schubkarren auf den Streuobstwiesen unterwegs sind, um Obst für Most und Schnaps zu sammeln.

Nur wenige Meter höher wandeln sich die Sichten. Aus den lieblichen werden strenge, aus dem verwirrenden Durcheinander wird eine klare Ordnung – wie Höhenringe winden sich die hier horizontal angelegten Weinterrassen um die Hügel. Und verfolgen in endlosen Wellen jeden Buckel, jeden Einschnitt der Bergflanken: eine meisterlich grüne Geometrie aus Winzerhand, önologische Land-Art. Und mitten drin in dem bewegten Rebstockmeer liegt gleich einer Insel aus Dichtung und Wahrheit der Flecken Jeruzalem: ein Parkplatz für Touristenbusse, ein mit Buchsbaum eingefasster Aussichtsplatz mit Tischen und Bänken. Und eine kleine Kirche mit einer großen Legende, die erklärt, warum Jeruzalem Jeruzalem heißt:

Von ihrem Kreuzzug ins Heilige Land brachten Malteserritter ein heiliges Altarbild von Maria, der Schmerzensreichen, als Reiseandenken mit und stifteten es für jene kleine Kapelle. Als Dank schenkte ihnen der Graf von Ptuj das Gebiet, und die Ritter tauften den Ort Jeruzalem, in Erinnerung an ihren erfolgreichen Zug zum Heiligen Grab. Soweit die fromme Version. Es gibt allerdings noch eine bessere, amüsantere: Die Ritter, vom Marsch durch Deutschland und Österreich geschwächt und von der paradiesischen Landschaft hingerissen, beschlossen, ihren Kreuzzug bereits hier zu beenden. Um aber vor der Welt den Schein zu wahren, nannten sie den Ort einfach Jeruzalem. Und konnten so ernsthaft behaupten, das Ziel ihrer heiligen Mission erreicht zu haben.

An die große Zeit des Heilbades Rogaška Slatina (Sauerbrunn) erinnert der Brunnenpavillon. Das k.u.k.-Bad ist für Besucher aus aller Welt längst wieder attraktiv

Ein Prosit auf die alte Bäderkultur. Mit Brunnenwasser statt Wein

Wir können die Malteser verstehen. Rund 700 Jahre nach ihnen hat das Land um Jeruzalem nichts von seinem Reiz verloren. „Kelch des Glücks" nennen die umliegenden Winzer ihre fruchtbaren Sonnenhügel, auf denen die besten Kreszenzen Sloweniens gedeihen – meist halbsüße oder halbtrockene Weißweine. „Nicht europakompatibel", scherzt Jože Kupljen, Weinmanager und einer der großen Winzer des Landes. Vor Jahren hat er deshalb seinen Jeruzalem-Weinen die letzte Süße ausgetrieben und keltert heute fast ausschließlich trockene. Stolz auf sich und seine Weine sitzt er auf der Terrasse seines ockerfarbenen Weinschlösschens in Ivanjkovci ein paar Straßenbiegungen unterhalb Jeruzalems. „Seit 1721 bauen wir hier Wein an. Vor dem Zweiten Weltkrieg gab es unsere Weine in den Grandhotels Europas. Während des Krieges nur in deutschen Offizierskasinos, nach dem Krieg nur bei Tito und den Botschaften Jugoslawiens. Ist es ein Wunder, dass nicht jeder unsere Weine kennt?"

Mit önologischen Events versucht der 56-Jährige heute seinen Spitzenlagen wieder einen Platz auf den Weinkarten der internationalen Gastronomie zu verschaffen. Eine Weinakademie hat er gegründet und die „1. International Wine Bank of Slovenia", in derem Tresor Kunden aus aller Welt gegen eine Kupljen-Aktie Weine ihrer Wahl für zehn Jahre deponieren und reifen lassen können. Sein größtes Ziel: „Ein Grand Cru Label des gesamten Jeruzalemer Anbaugebiets mit Ausstrahlung nach ganz Europa." Bis es soweit ist, begnügt sich Jože Kupljen damit, die Weinkenner Europas in seiner „Taverna" von der Qualität seiner Rieslinge, Chardonnays, Pinots Noirs zu überzeugen. Kurz hinter der Kirche hat er aus einem alten Landhaus eine stilvolle Weinschänke gemacht. Von der Terrasse dieses gastronomischen Hochsitzes aus kann man bei gutem Wetter bis nach Österreich-Ungarn und Kroatien schauen.

Und während die Gäste auf der sonnigen Terrasse Steinpilzsuppe mit warmem Käsebrot genießen, zieht ins Tal die Dämmerung ein. Der Rauch der Herdfeuer steigt in den glasklaren Abendhimmel, in dem ein paar Wolken mit Goldrand schwimmen. Die Bauern sitzen entspannt auf den Bänken vor ihren Häusern, in stiller Zwiesprache mit den Gartenzwergen, die hier mit Steingutlächeln dicke Weinfässer tragen. Stimmt, das mit dem Paradies. ☐

Nicolaus Neumann *lebt als freier Autor im Wendland.* **Marc-Oliver Schulz,** *Hamburger Fotograf, fand sich irgendwie nach Österreich versetzt.*

Reste einer Haustreppe im ehemaligen Hrib bei Koprivnik, früher Nesselthal. Das ist alles, was vom Dorf geblieben ist

Die verschwundene Welt der Gottscheer

600 Jahre trotzten sie dem riesigen Hornwald Äcker und Dörfer ab. Dann kam der Exodus der deutschsprachigen Minderheit. Heute hat der Wald fast alles wieder verschluckt

Text: Karl-Markus Gauß
Fotos: Kurt Kaindl

Kočevje ist der Name einer unansehnlichen Stadt und einer Region von wundersamer und verwundeter Schönheit. Das Gebiet umfasst rund 850 Quadratkilometer und reicht vom Flüsschen Krka im Norden bis zum Fluss Kolpa im Süden, der heute die Grenze zwischen Slowenien und Kroatien bildet.

Diese Landschaft, der das Gedächtnis ihrer Besiedelung und Kultivierung gründlich ausgetrieben worden ist, wurde von ihren deutschsprachigen Bewohnern „die Gottschee" genannt. Sie liegt zwar nur eine Autostunde südlich der Hauptstadt Ljubljana, ist aber doch eine Welt für sich. Dominiert wird die Gottschee von einem gewaltigen Gebirgsstock (slowenisch Rog, deutsch Hornwald) mit einem der größten Wälder Europas, der den hier lebenden Menschen gleichsam Schutz und Bedrohung, Lebensgrundlage und Verhängnis war.

Der Wald steht am Anfang und am Ende der Geschichte. Als ihn das Kärntner Grafengeschlecht der Ortenburger im 14. Jahrhundert als Lehen bekam, bot sich verarmten Bauern aus Kärnten und Osttirol die einmalige Chance, den riesigen dunklen Tann zu roden, Wiesen und Felder zu kultivieren und sich dort ein Leben in Freiheit und Wohlstand aufzubauen. Diese Neusiedler und ihre Nachkommen haben 600 Jahre lang zäh und unablässig daran gearbeitet, den Wald zurückzudrängen; dann hatten sie ihm 171 Dörfer und die Stadt Gottschee / Kočevje abgetrotzt. Hatten Obstgärten angelegt, Getreidefelder und Viehweiden gewonnen. Das „Ländchen"– wie es ihre Bewohner liebevoll im „Gottscheeberischen" nannten – war zur schmucken Landschaft geworden, die Sprache aber ein wundersamer Dialekt geblieben, der aus Zeiten stammte, da die Idee einer deutschen Nation noch gar nicht geboren war.

Doch nur eine einzige Generation sollte es dauern, bis der Wald alles wieder verschluckte, die Obstgärten überzog, die Felder zuwachsen ließ, die Dörfer so dicht überwucherte, dass sie heute nicht mehr aufzufinden sind.

Wer durch den dünn besiedelten slowenischen Distrikt Kočevje fährt, stößt nur noch auf die Spuren dessen, was die Gottschee einst war. Es sind Spuren, die ihm, wenn er die Augen offen hält und ein wenig von der Geschichte des Landes erfahren hat, zum Sinnbild werden: Hier hat die große Politik, die anderswo beschlos-

Das Tal von Polanje, früher Pöllandl, erinnert an die Steiermark

Gasthaus von Koprivnik, Nesselthal. Hier leben noch rund 30 Gottscheer

sen wurde, binnen kurzer Frist zunichte gemacht, was Generationen einer unwirtlichen Natur und menschenfeindlichen, kargen Verhältnissen abzuringen vermochten.

Es war im Sommer 2004, als ich Katica, eine alte Frau, auf dem Friedhof von Stari Log traf. Als hier noch die Gottscheer lebten, hatte das Dorf am Rande des Hornwaldes Altlag geheißen. Ich ging zwischen umgestürzten wie renovierten Grabsteinen umher und notierte, in welch rührend unbeholfenem Deutsch hier seit Mitte des 19. Jahrhunderts die Kinder und Kindeskinder ihrer verstorbenen Eltern und Großeltern gedachten.

Die alte Katica hatte mich zunächst vorsichtig beäugt, dann aber kam sie näher, eine Frau so dick wie freundlich, und fragte auf Slowenisch, was ich hier suche. Als ich ihr erklärte, dass mich Gegenden anzögen, in denen Menschen verschiedener Nationalitäten zusammenlebten, hatte ich ihr Vertrauen gewonnen. Denn Katica trauerte um ihre Gottschee, gerade weil sie nicht mehr die Heimat mehrerer Völker war.

1941 verständigten sich Mussolini und Hitler, die den Balkan bereits mit Krieg überzogen hatten, darauf, die Gottschee auf alle Zeiten dem expandierenden faschistischen Italien anzugliedern. Die dort lebenden Deutschen wurden aufgefordert, ihr Ländchen zu verlassen und in jenen Teil Sloweniens umzusiedeln, der die nächsten „tausend Jahre" unter deutscher Herrschaft stehen sollte.

11 509 von insgesamt 12 498 Menschen zogen widerstrebend und um ihr Fleckchen Heimat trauernd in den Raum Gurkfeld im Ranntal in der nun zu Großdeutschland gehörenden Untersteiermark. Die neue Heimat wurde Schauplatz des Krieges zwischen faschistischen Okkupanten und kommunistischen Partisanen.

Das Rannfeld wie die Gottschee kamen 1945 wieder zu Jugoslawien. Die Gottscheer flüchteten, wurden vertrieben, gingen nach Kärnten, in die Steiermark, nach Deutschland oder Übersee. Das „Ländchen" war total entvölkert. Die Güter verkamen, die Dörfer am Wald, für die sich kaum Slowenen fanden, die sie in Besitz nehmen wollten, wurden aufgegeben. Und der Wald holte sich zurück, was ihm abgetrotzt worden war.

Katica gehört zu jenen wenigen hundert Gottscheern, die sich damals geweigert hatten, ihr Ländchen zu verlassen. Sie blieb zunächst allein in ihrem Dorf. Später zog sie ins Nachbardorf zu den Slowenen und einen von ihnen heiratete sie. Ihr Deutsch ist ein mittelhochdeutscher Dialekt mit Kärntner, altbairischen und Osttiroler Elementen, den sie selber nur noch mangelhaft beherrscht: Denn seit 60 Jahren hat sie ja niemanden mehr, mit dem sie im Alltag in ihrer Muttersprache reden könnte.

Zum Abschied beschrieb Katica mir den Weg, den ich durch den Hornwald nehmen könnte, sagte, wo ich das Auto verlassen solle, um zu Fuß ins Dickicht zu steigen.

Dort, mitten in einem Finsterwald, bemerkte ich, dass ich mich in einem zuerst verlassenen, dann zerstörten, später vergessenen und endlich vom Wald zugedeckten Dorf befand. Unter dem Moos fand ich ein paar Steine, die eine Handbreit aus dem Boden ragten. Es waren Reste eines Gemäuers, das einmal ein Rathaus oder eine Schule gewesen sein mochte. □

Karl-Markus Gauß *beschreibt seine Suche nach den Gottscheern im Buch „Die sterbenden Europäer" (Zsolnay).* **Kurt Kaindl** *hat in der Gottschee fotografiert.*

Die Stallungen des alten Gestütstrakts wurden 1704 errichtet. Die roten Kugeln auf den Trennpfosten ähneln denen an den Anlegestellen der Gondeln in Venedig

Im Reich der Kaiserschimmel

Lipica ist die Urheimat der Lipizzaner. Eines der ältesten Gestüte Europas und noch immer der Pferdehimmel des Landes, der seinen Geschöpfen Schönheit und Gelehrsamkeit einhaucht

Text: Charlotte von Saurma, Fotos: Joco Žnidaršić

Drei Brandzeichen der insgesamt sechs klassischen Hengstlinien

	Pluto	Conversano	Neapolitano
♂	ʃ	C	N
♀	~	ϴ	×

Eleganz und Noblesse: Der Körperbau des Hengstes entspricht noch immer dem Idealtyp des höfischen Reitpferdes der Barockzeit

Die Sommer sind heiß und trocken, im Winter weht die eiskalte Bora: Die rauen Aufzuchtbedingungen sorgen für ein langes Pferdeleben

Geprägt von Freiheit und der
Härte der Karstlandschaft

Die „kulturhistorischen Objekte von außerordentlicher nationaler Bedeutung" haben samtweiche Schnauzen, lange Wimpern und haselnussbraune Kulleraugen. Sie wollen gestreichelt werden, hopsen ungestüm hinter der Mauer und selbst die Erwachsenen jenseits des Zauns verzehren sich in Sehnsucht nach den niedlichen Fohlen: Kein touristischer Anziehungspunkt des Landes wird so geschätzt wie das 416 Jahre alte Gestüt Lipica. Die Wiege der ältesten Kulturpferderasse Europas ist der Wallfahrtsort aller tierliebenden Besucher Sloweniens.

Lipica liegt nordöstlich von Triest auf einem 500 Meter hohen Karstplateau, bis zur Adria sind es in Luftlinie

Ein Erzherzog will ein Hofgestüt

nur fünf Kilometer. Hier ist Karstland und an vielen Stellen leuchtet unter der tiefroten dünnen Erdkrume weißes Kalkgestein hervor. Im Sommer kann es sehr heiß werden, im Winter fegt die kalte Bora von den Höhen herab – ein klimatisch anstrengender Landstrich also. Doch wenn man die lange Auffahrt von Lokev zum Gestüt einschlägt, gleicht Lipica einer grünen Oase: Rechter Hand von einer mit Eichen, Linden und Feldahorn überschatteten Allee erstreckt sich gepflegtes Golfgrün, über das Bälle zischen; linker Hand satte Weiden, auf denen Rundballen den Duft der ersten Heuernte verströmen. Wo die lange Auffahrt in einen übervollen Parkplatz mündet, stehen in lockerer Anordnung zwei Hotels, ein Spielcasino, Picknickplatz, Kunstgalerie, Kirche und historische Gestütsanlage: ein für Slowenien erstaunliches Gemenge aus teurer touristischer Infrastruktur.

Schon im Altertum wurden in dieser Gegend Pferde gezüchtet, die für ihre Schnelligkeit, Kraft und Ausdauer berühmt waren. Die schnellsten und widerstandsfähigsten ihrer Zeit haben Gespanne römischer Quadrigen bei Zirkusrennen im Kolosseum des alten Rom gestellt, dienten im Mittelalter als Turnier- und Streitrösser den Rittern. Diese Karstpferde gaben den Ausschlag und bildeten zugleich den Grundstock für das Hofgestüt, das Erzherzog Karl II. von Innerösterreich, Regent von Steiermark, Kärnten, Krain, Görz, Istrien und Triest am 19. Mai 1580 auf der verwahrlosten Domäne Lipica (damals: Lipizza, auch Lippiza oder Lipitza) des Triester Bischofs Coret errichten lässt.

Anlass für den monarchischen Immobilienerwerb war Repräsentationslust – Seine Hoheit wollte Pferde haben für

Typisches Imponiergehabe: Trotz der angeborenen Sanftmut können die Hengste extrem temperamentvoll sein

die in Wien bereits institutionalisierte Spanische Hofreitschule. Dafür brauchte es spanische Pferde, leichtere als die schweren Karstpferde, aber irgendwie doch ähnlich den zu dieser Zeit sehr modischen Alt-Andalusiern, den schnellsten und schönsten Barockpferden. Doch deren Import war unsicher und dem österreichischen Herrscher zu teuer. Die Böden von Lipica waren zwar wasserarm und damals auch noch so karg, dass Futter zugekauft werden musste, aber dafür gesund und mineralhaltig – also ähnlich denen in Andalusien. Majestät kaufte das Gut und damit begann die lange und wechselvolle Geschichte Lipicas und der Lipizzaner. Eine Geschichte voller Ruhm und schwerer Zeiten, der großen Zuchterfolge und vielen -rückschritte.

Man muss nicht alle Details kennen, um sich in der Lipizzanerzucht zurechtzufinden: Über die Jahrhunderte hinweg hat hier der Mensch viel „lieber Gott" gespielt. Hat Langlebigkeit und Härte des Karstpferdes gepaart mit Schönheit, Leichtfüßigkeit und dem stolzen spanischen Schritt des Andalusiers. Hat dazu Grazie und Sanftmut der Neapolitaner gemixt, hinzu einen Schuss Leistungsfähigkeit und Ausdauer der Araber. Noch später, im 19. Jahrhundert, paarte man die Lipizzaner mit dänischem und deutschem Barockpferdeblut.

Andalusier, Neapolitaner und Dänen gibt es nicht mehr in dieser alten reinen Zuchtform. Doch ihre Blutlinien lassen sich noch heute bei den Lipizzanern nachweisen. Sie sind das Ergebnis eines Jahrhunderte dauernden konsequenten genetischen Engeneerings. Ursache dafür ist jene 23 Paragraphen umfassende Gestütsordnung von Lipica aus dem Jahr 1658 mit ihren ausführlichen Gestütsvorschriften: Zusammen mit der jüngeren, rigide durchgeführten Linienzucht hat sie bis heute für die absolute Reinheit dieser ältesten europäischen Kulturpferderasse gesorgt.

Und noch immer bestimmen dieselben sechs Hengstlinien das männliche Erbgut, das von Pluto, Conversano, Neapolitano, Maestoso, Favory, Siglavy. Noch immer gibt es die gleichen 16 Stutenfamilien, auch wenn es in diesem jahrhundertelangen Prozess des Ankaufs und Vergleichs, der Anpaarung, Auslese und potenziellen Inzucht immer wieder neue Versuche gab. Beide – mütterliche wie väterliche – Linien sind in der linken Sattellage als Brand zu identifizieren: eine frühe Codierung, die hilft, die Tiere sehr weit zurückzuverfolgen. Auch die Herkunft ist per Markenzeichen erkenntlich: Alle Pferde aus Lipica tragen ein „L" auf der linken Ganasche (Backe). Und fast alle sind Schimmel, auch wenn sie wirklich weiß erst zwischen dem vierten und zehnten Lebensjahr werden.

Wie die Zucht ist auch das Durchlauchtige Gestüt – bei seiner Gründung eine verwahrloste Domäne – erst heute eine nationale Institution. Auch das hat ein langes schweres Schicksal mit unaufhörlichem Auf und Ab und immer neuem Open end – Brände, Erdbeben, Kriege, Pläne von Beamten des Wiener Hofes, Besetzungen, Evakuierungen, wechselnde politische Regime und Wirtschaftskrisen machten ihm zu schaffen. Wegen der französischen Revolutionskriege wurde Lipica gleich drei mal evakuiert, die längste Verlegung dauerte sechs Jahre und die Tiere litten sehr unter dem Klima der sumpfig-feuchten Theiss-

Die Schule über der Erde: Hier die Levade, eine Kraft- und Kampfbewegung, die auch in der Natur zu sehen ist. Die Gerte ist nur Orientierungshilfe

Perfektion, Gründlichkeit, Geduld: Schöne Ritte wie der von Bereiter Pavel Stemberger auf 19 Favory Famosa 1 erfordern jahrelange Arbeit in der Halle

Die Lipizzaner überlebten die k.u.k. Monarchie

Niederung in Ungarn. Waterloo brachte auch für sie Erlösung – die Heimkehr auf die geliebten Karsthöhen.

Lipicas große Zeit aber war damals schon hundert Jahre vorbei. Begonnen hatte sie mit Kaiser Leopold I. in der zweiten Hälfte des 17. Jahrhunderts. Damals hatte der Hof großen Bedarf an Reit- und Wagenpferden aller Arten und Lipica war Hoflieferant, vornehmlich für die Hofreitschule in Wien. Dort wurden sie ausgebildet und so sie sich denn bewährten, kehrten sie als Zuchthengste irgendwann wieder heim. Unter Karl VI. war die eigentliche Hochzeit des Gestüts, doch auch Maria Theresia tat viel für die Pferde, das Gestüt selbst wurde gründlich saniert. 1898 schließlich umfasste es 1500 arrondierte Hektar und 300 Pferde. Mit dem Beginn des Ersten Weltkrieges dann Deportation des Gestüts nach Laxenburg bei Wien. Der Anfang vom Ende des k. u. k. Hofreitgestüts. Nach Kriegsende erhält Italien 107 Pferde, 97 gehen ins österreichische Piber, Österreichs Nachfolgegestüt für das verloren gegangene Lipica: Von dort kommen bis heute die Hengste für die Hofreitschule.

Lipica fällt zunächst an Triest, nach dem Zweiten Weltkrieg an Jugoslawien. Und obgleich Urheimat des Lipizzaners, erhält das Gestüt 1952 nur elf Pferde aus dem alten Stamm zurück, beginnt von Neuem. Und wieder mal ist es eine schwierige Zeit: In den ersten Jahren gilt das Pferd in Tito-Jugoslawien als fortschrittshemmend, dann aber entdeckt der sozialistische Monarch seine Lust am Kaiserschimmel – Lipica gehört zum Showrepertoire für große Staatsbesuche. Man baut das erste Hotel, Hallen wie Reitplätze folgen, und als Zuchtziel für die Pferde gilt jetzt ihr Einsatz im modernen Dressursport. Folglich veranstaltet man in Lipica internationale Turniere. Doch der Erfolg im großen Sport bleibt aus, bis heute. Was also ist mit dem Lipizzaner als vollendeter Dressurkünstler? Was mit seiner tänzerischen Leichtigkeit, seiner hohen Intelligenz? Was mit dem Traum von einem Pferd?

In Wahrheit gibt es eine riesige Spanne zwischen Image und Realität: Die Schimmel sehen prächtig aus, haben eine angezüchtete hohe „Knieaktion" – so der Fachbegriff für die Fähigkeit der Vorhand zum Beugen, mit Hilfe derer ihnen auch Sprünge wie Levade, Courbette, Capriole leichter fallen. Doch das sind Speziallektionen der barocken Schule, die auch nur von wenigen Tieren in solcher Virtuosität und auf Grund einer überaus langen wie sorgfältigen Ausbildung beherrscht werden. Für ein Spitzendressurpferd aber ist Schritt und Galopp der Lipizzaner nicht gut genug und zusätzliche Körpermängel wie Senkrücken, zu steile Schulter, zu kurze Beine, zu starker Hals und letztlich auch zu geringe Größe (1,52 bis 1,62 m Stockmaß) kommen erschwerend hinzu. Selbst die oft gerühmte Intelligenz ist ein Mythos, weil nicht ausgeprägter als bei anderen Reitpferderassen. Das Kaiserpferd ist eher ein perfektes Wagenpferd.

Und das Gestüt? Lipica hat die Selbstständigkeit Sloweniens überlebt. Nach der Ausverkaufshysterie der ersten Jahre, der Entlassung der fähigsten Mitarbeiter wurde es 1996 verstaatlicht. Heute lebt man vor allem vom Pferdetourismus, etwa 110 000 Besucher kommen pro Jahr. Die dürfen zum ersten Mal in ihrer Geschichte von jedem geritten werden, der will und kann.

Wenn man nach all der großen Geschichte endlich oben sitzt – dann ist das Märchen doch wieder wahr. Es gibt Dressureinzelstunde: Die Halle ist so früh am Morgen noch kalt und leer, nur die Kommandos des Reitlehrers füllen den riesigen Raum. Ein paar Trabrunden, einige Galopplängen und auf einmal ist er da: der fliegende Galoppwechsel, die Traversale, die Passage – der Himmel auf dem Pferderücken. Ganz selbstverständlich. Noch nie habe ich das geschafft. Aber der Kaiserschimmel unter mir konnte es. □

Charlotte von Saurma, *Redakteurin dieses Heftes, ist Reiterin. Für sie war Lipica als Kulturprogramm perfekt.*
Joco Žnidaršič, *in Slowenien seit 40 Jahren bekannt als Fotoreporter, gibt heute im eigenen Verlag Fotobände heraus.*

MERIAN | INFO Gestüt

Kobilarna Lipica
(D 6) Sežana, Lipica 5
Tel. (05) 739 15 80
www.lipica.org
Gestütsbesichtigungen tgl. stdl. 9-18 Uhr, 6 €
Gestütsbesichtigungen mit Besichtigung des Trainings Mi, Do., 12 Uhr, 8 €
Gestütsbesichtigungen mit Vorführung der klassischen Reitschule Mi, Do., 12 Uhr 12 €, Reitunterricht (Ausritt, Einzelstunde) tgl. 8.30, 9.30, 17, und 18 Uhr, Reservierung erforderlich.
Kutschfahrt Di, Fr, Sa, So 15.30, 16.30 Uhr 38 €
Siebentägige Reitkurse für Anfänger, Fortgeschrittene, Individuell 240-213 €

Hotel Maestoso
DZ 45 €
Modernes Haus mit dem Charme eines Businesshotels, Hallenbad, Sauna.

Schlicht schöne Gestütsarchitektur aus dem 18. Jahrhundert: Links der Eingang zum Hengststall (Velbanca), rechts der Auslauf der Junghengste vor dem Stutenstall

MERIAN

Heft 2/2005, Februar, Erstverkaufstag dieser Ausgabe ist der 27.01.2005
MERIAN erscheint monatlich im Jahreszeiten Verlag GmbH, Poßmoorweg 5, 22301 Hamburg
Tel. 040/27 17-0, Fax 040/27 17-20 56 **Anschrift der Redaktion:** Harvestehuder Weg 42, 20149 Hamburg
Postfach 130444, 20139 Hamburg, E-Mail: Redaktion@Merian.de, Tel. 040/441 88-231, 441 88-240
Fax 040/441 88-310 **Website:** www.merian.de **Leserservice:** Postfach 601220, 22212 Hamburg
Tel. 040/87 97 35 40, Fax 040/27 17 - 20 79 **Syndication:** www.jalag-syndication.de
GourmetPictureGuide: Stefanie Lüken, Tel. 040/271 720 02, Fax 040/27 17 20 89, www.gourmetpictureguide.de

Herausgeber: Manfred Bissinger
Chefredakteur: Andreas Hallaschka
Art Directorin: Sabine Lehmann **Chef vom Dienst:** Tibor M. Ridegh
Redakteure: Kathrin Sander, Charlotte von Saurma, Thomas Gebhardt (freie Mitarbeit), Thorsten Kolle (freie Mitarbeit)
Redakteurin dieses Heftes: Charlotte von Saurma **Schlussredaktion:** Tibor M. Ridegh, Jasmin Wolf (stv.)
Layout: Beke Jürgensen, Ingrid Koltermann, Dorothee Schweizer (stellv. Art Directorin)
Bildredaktion: Hanni Rapp, Michael Kleehaupt (freie Mitarbeit), Eva M. Ohms, Maria v. Rospatt
Bildredakteur dieses Heftes: Hanni Rapp **Kartographie:** Peter Münch
Dokumentation: Jasmin Wolf, Andrea Wolf (freie Mitarbeit)
Mitarbeit: Helmut Golinger, Anke Döpke, Paola Melia, Susanne Rieger **Herstellung:** Karin Harder
Redaktionsassistenz: Sabine Birnbach, Katrin Eggers, Sabine Richter (freie Mitarbeit)
Geschäftsführung Premium Magazine: Peter Rensmann **Verlagsleitung Premium Magazine:** Oliver Voß
Gesamt-Anzeigenleitung: Roberto Sprengel **Anzeigenleitung:** Christel Janßen
Anzeigenstruktur: Patricia Hoffnauer **Marketing:** Kenny Machaczek, Ulrich Rieger, Sonja Wünkhaus
Vertriebsleitung: Jörg-Michael Westerkamp (Zeitschriftenhandel), Thilo Heller (Buchhandel)
Verantwortlich für den redaktionellen Inhalt: Andreas Hallaschka
Verantwortlich für Anzeigen: Roberto Sprengel

Verlagsbüros Inland:
Hamburg: Tel. 040/27 17-25 95, Fax -25 20, E-Mail: vb-hamburg@jalag.de
Berlin: Tel. 030/80 96 23-60, Fax -70, E-Mail: vb-berlin@jalag.de
Hannover: Tel. 0511/85 61 42-0, Fax -19, E-Mail: vb-hannover@jalag.de
Düsseldorf: Tel. 0211/901 90-0, Fax -19, E-Mail: vb-duesseldorf@jalag.de
Frankfurt: Tel. 069/97 06 11-0, Fax -44, E-Mail: vb-frankfurt@jalag.de
Stuttgart: Tel. 0711/966 66-520, Fax -22, E-Mail: vb-stuttgart@jalag.de
München: Tel. 089/99 73 89-30, Fax -44, E-Mail: vb-muenchen@jalag.de

Repräsentanzen Ausland:
Basel: Intermag AG, Tel. +4161/275 46-09, Fax -10, E-Mail: info@intermag.ch
London: The Powers Turner Group, Tel. +44 20/7630 99 66 Fax 76 30 99 22, E-Mail: cweiss@publicitas.com
Mailand: Media & Service International Srl, Tel. +39 02/48 00 61 93, Fax 48 19 32 74, E-Mail: info@it-mediaservice.com
Paris: International Magazine Company, Tel. +331/53 64 88 91, Fax 45 00 25 81, E-Mail: imc@international.fr
Madrid: Alcála Media International Media Representation, Tel. +34 91/326 91 06, Fax -07, E-Mail: alcalamedia@retemail.es
Wien: Publimedia Internationale Verlagsvertretungen GmbH, Tel. +43 1/21530, Fax 2121602,
E-Mail: ppn-vienna@publicitas.com
New York: The Russell Group Ltd., Tel. +12 12/213 11-55, Fax -60, E-Mail: info@russellgroupltd.com

Die Premium Magazin Gruppe im Jahreszeiten Verlag

A&W Architektur & Wohnen COUNTRY DER FEINSCHMECKER WEIN Gourmet MERIAN

Gülige Anzeigenpreisliste: Nr. 37e

Weitere Titel im Jahreszeiten Verlag: Für Sie, petra, vital, PRINZ, A&W Architektur & Wohnen, COUNTRY, DER FEINSCHMECKER, WEINGourmet, schöner reisen, ZuhauseWohnen, SelberMachen
Litho: Alphabeta Druckformdienst GmbH, Hamburg. Druck und Verarbeitung: heckel GmbH, Nürnberg, schlott Gruppe
ISBN: 3-7742-7002-3, ISSN 0026-0029 MERIAN (USPS No. 011-458) is published monthly. The subscription price for the USA is $ 110 per annum. K.O.P.: German Language Publications, Inc., 153 South Dean Street, Englewood NJ 07631. Periodicals postage is paid at Englewood NJ 07631, and at additional mailing offices. Postmaster: send address changes to: MERIAN, German Language Publications, Inc. 153 South Dean Street, Englewood NJ 07631.

JAHRES ZEITEN VERLAG
Ein Unternehmen der
GANSKE VERLAGSGRUPPE

Der Titel zeigt die Kircheninsel im Bleder See (Blejsko jezero) vor den Karawanken, fotografiert von Giovanni Simeone.

Bildnachweis

Anordnung im Layout: o=oben, u=unten, r=rechts, l=links, m=Mitte.
Titel: G. Simeone/Agentur Huber; S. 3 ol Michael Müller, ro Martin Rasper, rm J. Suhadolnik, ru Marc-Oliver Schulz; S. 4 m Bogdan Kladnik/www.ipak.org; S. 4/5 Harf Zimmermann/Fcous; S. 5 mr Joco Žnidaršić, ul Gunter Klötzer, ur Bogdan Kladnik; S. 8 o Leo Caharija, u Rainer Hackenberg; S. 9 o Toma Babovic/laif, ml Birgit Chlupacek/Mountain Pictures (3x); S. 10/11 Janez Skok; S. 12/13 J. Polleross/Anzenberger; S. 14/15 Marc-Oliver Schulz; S. 16/17 Bogdan Kladnik; S. 18/19 Kreuels/Laif; S. 20/21 Joco Žnidaršić; S. 22/23 Zimmermann/Focus; S. 24 M.-O. Schulz; S. 25 Kirsten Haarmann; S. 26 Joco Žnidaršić; S. 27 Bogdan Kladnik; S. 28 Babovic/laif; S. 29 Bogdan Kladnik; S. 30-36 Klötzer; S. 40/41 Haarmann; S. 42/43 Hackenberg/Visum; S. 44 Berthold Steinhilber/Bilderberg; S. 45 o T. Bonaventura/Contrasto, u Toni Anzenberger/Anzenberger; S. 46 o D. Mattioli/-Anzenberger, u Zimmermann/Focus; S. 47 Haarmann; S. 48 l, r G. Possenti/Vega mg; S. 48 m 49 Damjan Prelovšek; S. 50/51 Kreuels/laif; S. 52 Thomas Holzmann; S. 53 T. Anzenberger/Ag. Anzenberger; S. 55 Johanna Huber/Agentur Huber; S. 56/57 T. Anzenberger/Ag. Anzenberger; S. 58 Westend 61; S. 59 Janez Skok; S. 60 Bogdan Kladnik; S. 61 Arne Hodalic/www.ipak.org; S. 62, 63 Bogdan Kladnik; S. 65 Arne Hodalic/www.ipak.org; S. 67 r gettyimages; S. 68 Fotografski II-3; S. 70-78 Marc-Oliver Schulz; S. 84-93 M.-O. Schulz; S. 94/95 Kurt Kaindl; S. 96-103 l Joco Žnidaršić; S. 103 r Zimmermann/Focus; S. 105 Babovic/laif; S. 107 Zimmermann/Focus; S. 108 P. S. Kristensen/laif; S. 109 Janez Skok/www.ipak.org; S. 110 M.-O. Schulz; S. 110/111 Ralf Freyer; S. 112 Bogdan Kladnik; S. 113 Bojan Brecelj/ www.ipak.org; S. 114 o N. Solic/Corbis, lm AKG, lu Klammet/Interfoto; S. 118 Kirsten Haarmann; S. 120 M.-O. Schulz; S. 121 o A. Pacciani/Anzenberger, m M.-O. Schulz; S. 122 o Lukas Spörl, ml Marei Wenzel, mr Barbara Löschnig

MERIAN REISEINFO

SLOWENIEN

Barockes Laibach: Am Stadtplatz (Mestni trg) repräsentieren die Brunnenfiguren die drei Flüsse Ljubljanica, Krka und Save. Im Hintergrund sind die Türme der Domkirche St. Nikolai zu sehen

MERIAN Top Ten

Was Sie unbedingt sehen und erleben sollten

Alle Texte zur Reiseinfo: Daniela Schetar, Friedrich Köthe. Texte zum Wintersport: Bogdan Kladnik

Slowenien ist zwar klein, hat aber viele Kultur- und Naturschönheiten. Nehmen Sie sich darum Zeit oder entscheiden Sie sich!

1. Laibach Hier geben die Studenten den Ton an. Nicht verpassen: die lauen Sommerabende an der Ljubljanica und die eindrucksvollen Bauten von Jože Plečnik. (F/G 4)

2. Škocjanske Jame Spannende Reise durch die Unterwelt per Bahn und zu Fuß auf schmalen, in den Fels geschlagenen Stegen über einen Höhlenfluss und vorbei an wunderbar bizarren Tropfstein-Skulpturen. (D 6)

3. Piran Venezianisches Städtchen an der Adria. Tipp: Musikabende im Minoriten-Kloster. (C 7)

4. Bleder See-Alpenidyll: Burg auf Felsen, Kirchlein auf Insel, hohe Gipfel. Dazu die besten Cremeschnitten Sloweniens! (E 2)

5. Vršič-Pass und Soča-Tal 24 Kehren bergauf, 16 bergab – die Fahrt ist ein Abenteuer und wird mit dem schönsten Panorama belohnt. (C 2)

6. Rogaška Slatina Thermalbad aus der k. u. k.-Zeit mit restaurierten Hotels. Das Wellnessprogramm aber ist top-aktuell! (L 3)

7. Krka-Tal Romantisches Flusstal, Mühlen, Burgen, Wälder, ein Hotel im Wasserschloss. (G/H 5)

8. Jeruzalem Dörflein inmitten sanfter Weinberge, auf denen die besten Reben der slowenischen Steiermark wachsen. (N 2)

9. Festival Lent in Marburg Vor der barocken Kulisse der Altstadt und der Weinberge jazzen im Juni die besten Musiker. (L 1)

10. Lipica Edle Pferde, ein anspruchsvoller Golfplatz, eine Tropfsteinhöhle mit Feen und die gute aromatische Karstküche. (D 6)

ANREISE

Mit dem Auto
Über Villach durch den Karawankentunnel nach Laibach; über Klagenfurt und Graz nach Marburg oder von Villach über Triest nach Koper.

Mit dem Flugzeug
Adria Airways fliegt von mehreren deutschen Städten nach Laibach (www.adria-airways.com); auch Lufthansa, AUA, Swiss unterhalten Linienflüge zur Hauptstadt. Easyjet (www.easyjet.com) bietet ab Berlin preisgünstige Charterflüge an. Tipp mit schönem Schlenker: Nach Wien mit Air Berlin, von dort per Leihwagen weiter.

Einreise
Wenn auch einige Grenzbeamte immer noch den Reisepass sehen wollen: Für EU-Bürger genügt der Personalausweis. Kinder benötigen einen eigenen Ausweis oder müssen im Pass der Eltern eingetragen sein. Eine für Slowenien gültige Grüne Versicherungskarte ist für Autofahrer Pflicht.

AKTUELLE INFORMATIONEN

Informationen
Slowenisches Fremdenverkehrsamt, Maximiliansplatz 12 a
80333 München
Tel. (089) 29 16 12 02
slowenien.fva@t-online.de

Opernring 1/R/4/447
1010 Wien
Tel. (01) 715 40 10
info@slovenia-tourism.at
Löwenstraße 54
8001 Zürich
Tel. (01) 212 63 94
adria.slo@bluewin.ch

Das Fremdenverkehrsamt gibt kostenlose Übernachtungs-Verzeichnisse heraus, die auch im Internet stehen (www.slovenia-tourism.si). Routen-, Einkehr-, Besichtigungstipps enthält die Broschüre „Next Exit Slovenija".Informationsbüros nennen sich meist TIC (Turistični informativni center), viele Agenturen heißen Tourist Info o. ä. – sie vermitteln Privatunterkünfte wie Ausflüge, kosten aber Geld.

Sprache
Slowenisch ist eine südslawischen Sprache: z wird wie c, v wie w, č wie tsch, ž wie dsch, š wie sch gesprochen. Die meisten Slowenen sprechen Deutsch, Englisch oder Italienisch.

Staatsform, Regierung
Republik mit Zweikammer-Parlament; die 88 Mitglieder der Staatsversammlung werden alle vier Jahre gewählt.

Telefon
Von Deutschland, Österreich, Schweiz die Vorwahl 00356, danach die Ortsvorwahl ohne 0. Laibach hat die Vorwahl 01. Karten (telekartica) für öffentliche Telefone gibt es bei der Post, im Zeitschriftenladen und Kiosk. Slowenische Mobilfunkanbieter haben Roaming-Abkommen mit europäischen Partnern: Man kann überall per Handy telefonieren.

Trinkgeld
Für Taxifahrer und Kellner obligatorisch – je nach Höhe der Rechnung zwischen 10 und 15%. Ein Gepäckträger erwartet um 120 SIT pro Koffer.

Zahlungsmittel
Währungseinheit ist der slowenische Tolar (SIT), unterteilt in 100 Stotin. Wechselkurs: 1 € = 240 SIT, 1 CHF = 154 SIT (Stand: Anfang 2005). Fast überall kann man mit Kredit- oder EC-Karte bezahlen, Bargeld kann an den vielen Geldautomaten abgehoben werden – allerdings zum Teil mit hohen Gebühren. Reiseschecks werden in Banken getauscht: Mo-Fr 9-12, 14-17 Uhr

REISEN IM LAND

Mit dem Bus
Gut ausgebautes, kostengünstiges Netz, Abfahrt ist meist am Hauptbahnhof. Auskünfte erteilen die lokalen Tourismusbüros und die elektronische Auskunft www.ap-ljubljana.si.

Mit der Bahn
Die IC- und ICS-Züge sind schnell und pünktlich, die Karten preiswert. Über Fahrzeiten informiert die Auskunft: Tel. (01) 291 33 32.

Mit dem Auto
Fast durchgängig moderne (kostenpflichtige) Autobahnen, auch die meisten Landstraßen sind gut. Alle internationalen Mietwagenfirmen sind vertreten, die Kosten liegen bei 45 € pro Tag. Achtung: auch am Tag mit Abblendlicht fahren, beim Rückwärtsfahren die Warnblinkanlage anschalten. Pannenhilfe: AMZS, Tel. 1987.

Mit dem Motorrad
Die Passstrassen sind eine Lust für Biker. Empfehlenswerte Strecken nennt Frank Klose in „Die schönsten Routen in Slowenien und Istrien" (Bruckmann Vlg. 2002).

Mit dem Wohnmobil
Es gibt viele schöne und gepflegter Campingplätze. Nachteil: An der Küste ist im Sommer meist kein Fleckchen frei.

Mit dem Fahrrad
Da die Slowenen begeisterte Radsportler sind, gibt's überall Fahrradstrecken und viele MB-Pisten. Vorsicht auf den viel befahrenen Straßen: Raser!

LITERATUR

Hundert köstliche Entdeckungen
Peter Lexe, Ferdinand Neumüller, Verlag Carinthia, 2003, 26 €
Streifzug durch Sloweniens Restaurants mit den besten Rezepten der Küchenchefs

Europa erlesen: Ljubljana
Hrsg v. Denis Poniž und Lojze Wieser, Wieser Verlag 2002, 12,95 €
Literarische Reise mit Texten zu Geschichte und Gegenwart

MERIAN Live! Slowenien
Izabella Gawin, Verlag Gräfe und Unzer, 2004, 7,95 €
Alle Höhepunkte des Landes mit vielen Adressen

Slowenien
Daniela Schetar, Friedrich Köthe, Reise Know-How Verlag Peter Rump 2004, 19,90 €
Bester deutschsprachiger Führer. Infos zu Kultur, Unterkunft, Restaurants, Wanderungen

Slowenien entgegen
Gerhard Pilgram, Wilhelm Berger, Gerhard Maurer, Drava Verlag 2004, 25 €
Unkonventionelle Anleitung für eine Wanderung von Klagenfurt nach Laibach, bei der man Schritt für Schritt mit dem Land Bekanntschaft macht

Rough Guide to Slovenia
Norm Longley, 2004, 17,99 US$
Englischsprachiges, zuverlässiges Standardwerk

DATEN | WETTER

Mittelwerte	Jan.	Feb.	März	Apr.	Mai	Juni	Juli	Aug.	Sept.	Okt.	Nov.	Dez.
Durchschnittl. Temp. in °C Tag	1	5	10	16	20	24	26	26	22	15	8	3
Nacht	-5	-4	0	4	9	12	14	13	10	6	2	-2
Sonnenstund./Tag	1	3	4	6	7	8	9	7	5	4	2	1
Regen-Tage	9	8	8	10	12	11	10	9	8	10	11	10

In Slowenien herrscht Klimamix: mitteleuropäisch-alpines Wetter in Nord- und Zentralslowenien, mediterranes im Westen, kontinentales im Osten. An der Küste Juni bis Oktober angenehme Badetemperaturen (25-30 °C), in den Gebirgsregionen Juni bis September warme Tagen (20-25 °C) – das macht Wetterumschwünge und längere Regenphasen möglich. Dezember bis März gute Schneeverhältnisse. Herbst und Winter gelegentlich eisiger Nordwind (Bora) mit großen Temperaturstürzen.

Hauptstadt ohne Hektik: Laibachs Flussufer ist ein lauschiger Platz für federleichte Gefühle

LAIBACH UND UMGEBUNG

(F/G 4) Laibach (Ljubljana)
Altstadt
Zwischen dem Flüsschen Ljubljanica und dem Burgberg säumen Barock- und Renaissancehäuser die Gassen und Plätze Stari, Mestni und Gornji trg. Das Rathaus am Mestni trg mit einem schlichten gotischen Saal stammt von 1484; ihm schräg gegenüber der „Brunnen der Krainer Flüsse" in üppigem italienischen Barock (Francesco Robba, 1751). Zwischen Nikolausdom (im Inneren Fresken von G. Quaglio) am Ciril-Metodov trg und der Ljubljanica der lebhafte Markt mit Obst, Gemüse, Blumen, Honig und anderen ländlichen Spezereien – die Markthallen entwarf Jože Plečnik (s. S. 48).

(e 3/4) Drachenbrücke
Drei zauberhafte Brücken verbinden die Ufer der Ljubljanica, zwei davon von Plečnik. Die dritte, Zmajski most von 1901, war eine der ersten Stahlbaukonstruktionen Europas: Jugendstil-Drachen, die Wappentiere Ljubljanas, halten hier Wache.

(d 4) Prešernov-Platz
Laibachs gute Stube zu Füßen des Nationaldichters France Prešeren. Unmittelbar an dessen Denkmal das mit Mosaiksteinchen geschmückte Jugendstileckhaus, das die Slowenen „ura" (Uhr) nennen, gegenüber die verspielte Jugendstilfassade des Kaufhauses Centromerkur mit Glasüberdachtem Art-nouveau-Eingang. Außerdem: barocke Franziska-nerkirche mit einem wertvollen Altar von Francesco Robba.

(c 6) Križanke
Das ehemalige Kreuzherrenkloster dient heute als Open-Air-Theater. Seit dem 13. Jh. war es im Besitz der Deutschritter, die ihr Kloster um 1700 um die barocken Mariahilfkirche erweiterten. Auch der Konvent wurde mehrmals dem Zeitgeschmack angepasst – zuletzt in den 1950er Jahren von Jože Plečnik.
Trg francoske revolucije 2
Tel. (01) 426 43 40
während der Veranstaltungen nicht zugänglich.

(e 5) Burg Ljubljanski grad
Ab dem 12. Jh. wurde an der mächtigen, mit Wehrmauer und Ecktürmen gesicherten Burg über Laibach gebaut, seit dem 17. Jh. diente sie als Kerker, verfiel. Restaurierung und Umbauten, u. a. auch hier durch Jože Plečnik, veränderten die Bausubstanz. Vom im 19. Jh. angefügten Wachtturm herrlicher Blick über die Stadt; im Inneren ein „Virtuelles Museum", dessen computergenerierte Bilder das römische wie mittelalterliche Laibach wiedererauferstehen lassen.
Grajska planota 1
Tel. (01) 232 99 94
www.festival-lj.si
Burg: Sommers tgl. 9-22, Winter 10-21; Virtuelles Museum und Aussichtsturm: Sommer 9-21, Winter 10-18 Uhr

(a 3/4) Narodni muzej (Nationalmuseum)
Zu den sehenswerten Exponaten gehört u.a. die „Situla von Vače" – ein fein ziselierter Bronzebecher aus der Hallstattzeit (6. Jh. v. Chr.). Außerdem: die römische Bronmzestatue des „Bürgers von Emona" (3. Jh.) und die Sammlung volkstümlicher Bienenkorbbrettchen.
Prešernova cesta 20
Tel. (01) 241 44 00
tgl. 10-18, Do bis 20 Uhr

Landesdaten

Einwohner 1,989 Millionen
Bevölkerungsdichte 98 Einwohner pro km^2
Bevölkerungswachstum 0,2 %
Durchschnittseinkommen 264 000 SIT (ca. 1100 €)
Städt. Bevölkerung 50 %
Lebenserwartung 75 Jahre
Religion 74 % Christen (davon 70 % Katholiken), 1,5 % Muslime
Volksgruppen: 88 % Slowenen, 2,8% Kroaten, 2,4 % Serben, 0,16 % Italiener, 0,43 % Ungarn und Minderheiten aus Ex-Jugoslawien (Montenegriner, Bosnier etc.) sowie eine kleine deutsche Gemeinde
Fläche 20 253 km^2 (etwas kleiner als Hessen)
Küstenlänge Adria 46,6 km
Größte Stadt/Hauptstadt Laibach (Ljubljana) mit 265 000 Einwohnern, davon ca. 60 000 Studenten
Regionen Gorenjska (Oberkrain), Koroška (slow. Kärnten), Štajerska (slow. Steiermark), Prekmurje (Übermurgebiet), Notranjska (Innerkrain), Dolenj-ska (Unterkrain), Bela Krajina (Weißmark), Primorska (Küs-tenregion)
Höchster Berg Triglav (2863 m)
Größte Tropfsteinhöhle Adelsberger Grotte (Postojnska jama): 19 555 m lang, bis 115 m tief
Größter See Zirnitzer See (Cerniško jezero) – 26 km^2 großer periodischer See, der im Sommer fast vollständig austrocknet
Längster Fluss Save (Sava) 221 km
Medien/Kultur 5 Tageszeitungen, 2 Opernhäuser, 60 Museen
Internet 47 % der Haushalte haben Zugang zum Netz (Vergleich: in Deutschland 40 %)

Legende

Die Planquadrate der Adressen beziehen sich auf die MERIAN-Karte (S.123-126). Kleine Lettern bezeihn sich auf den Stadtplan auf der Faltkarte zum Heraustrennen.

Festkalender

8. Februar Prešeren-Tag
Februar Fasching: Kurentenlaufen in Ptuj und Cerknica, Maskenumzüge von Faschingssonntag bis Dienstag.
27. April Tag des Antifaschistischen Widerstandes
1./2. Mai Tag der Arbeit
Ende Mai Druga Godba, Ethnomusikfestival in Laibach
Zweite Junihälfte Festival Lent in Marburg; Musik und Folklore an der Drau.
Anfang Juni Mittelaltertage in Kamnik: Ritterspiele, Jahrmarkt.
25. Juni Nationalfeiertag
Mitte Juli Tage von Bled: Kunsthandwerk und Markt rund um den See.
Soča Reggae Riversplash: Reggaegrößen in Tolmin
Juli-September Laibach: Ljubljana-Sommerfestival mit Musik, Oper, Theater.
Juli/August Primorska-Sommerfestival: Musik und Open-Air-Theater in den Altstädten von Koper, Izola und Piran.
Letztes Augustwochenende Erasmus-Fest: Ritterturniere und Mittelaltermarkt vor Burg Predjama.
September Kuhball in Bohinj (Wochein): Volksfest rund um den Almabtrieb.
Anfang Oktober Feierliche Weinlese an der Weinrebe Stara Trta in Marburg (Maribor)
Oktober Stadt der Frauen, Laibach: Kunst, Kultur und Musik von Frauen.
26. Dezember Tag der Unabhängigkeit

(c 6) **Mestni Muzej (Stadtmuseum)**
Allein schon sehenswert ist schon das noble Palais Auersperg (1654), in dem das Stadtmuseum residiert. Im Keller entführt das Teilstück einer im Original erhaltenen römischen Straße den Besucher ins 1. Jh. Die erste und zweite Etage zeigen Laibachs historische Entwicklung. Museumsshop, Café.
Gosposka ulica 15
Tel. (01) 251 40 25
Di-So 10-18 Uhr

(G 3) Kamnik (Stein)
Altstadt
Drei Burgen sind der Stolz von Kamnik: Stari grad, die „Alte", (13. Jh.) ist eine malerische Ruine auf steilem Hügel; Mali grad, die „Kleine" (11. Jh.), erhebt sich am Rande der Altstadt auf einem Felsen mit einer wunderbaren romanischen Kapelle (falls geschlossen, Schlüssel im TIC holen); das Renaissanceschloss Grad Zaprice (16. Jh) zeigt im Museum steinzeitliche Ausgrabungen um Mali Grad.
TIC Kamnik, Tomšičeva ulica 23
Tel. (01) 839 14 70
Museum: Di-Fr 8-13, 16-19, Sa 10-13, 16-18, So 10-13 Uhr

(F/G 2/3) Kamniške Alpe/ Steiner Alpen
Die Gipfel gehören zu den anspruchsvollsten Klettergebieten Sloweniens; die wilden Felszacken von Ojstrica (2350 m), Grintovec (2558 m) und Turska Gora (2251 m) rahmen das Tal der Kamniška Bistrica ein, an dessen Talschluss mehrere Touren starten. Bequemer geht's per Seilbahn und Sessellift auf das 1666 m hohe Plateau Velika Planina (s. S. 112).
Im Sommer Mo-Do stdl. 8-18, Fr-So 8-20; im Winter stdl. Mo-Do 8-16, Fr-So 8-18 Uhr

(H 4) Litija
Schloss Bogenšperk
Studierstube und Druckerei des slowenischen Universalgelehrten J. V. Valvasor, in der 1689 sein Hauptwerk „Die Ehre des Herzogthums Crain" entstand.
Bogenšperk 5, Šmartno pri Litji
Tel. (01) 898 76 64
Di-Fr 9-15, Sa 10-16, So 10-18 Uhr, Nov.-März geschl.

(G 2) Logartal/Savinjske Alpe
Lehrpfad durch das 8 km lange, von schroffen Felsgipfeln eingeschlossene Tal. Auf der knapp zweistündigen Wanderung erfährt man, wie die Köhler hausten und welche seltenen Tiere und Pflanzen hier zu beobachten sind. Am Endpunkt malerischer Rinka-Fall.

(E/F 3) Loka
Škofja Loka
An den beiden lang gezogenen Hauptplätzen der Altstadt reihen sich die schönsten Häuser in Gotik und Renaissancestil, darunter das Honan-Haus, das alte Rathaus und der alte Getreidespeicher (Vinothek und Restaurant). Über all dem thront die nie bezwungene Burg (12.-16. Jh.) mit Stadtmuseum. Von der Altstadt führt die einbogige Brücke Kapučinski most (14. Jh.) ins moderne Loka.
Burg, Museum, Grajska pot 13
Tel. (04) 517 04 00
Sommer Di-So 9-18
Winter Sa, So 9-17 Uhr

TRIGLAV-NATIONALPARK UND DER NORDWESTEN

(E 2) Bled und Bleder See
Die Hochplateaus von Pokljuka und Straža rahmen den idyllischen Gebirgssee ein, Villen und Gasthäuser säumen das Ufer, am Ostende liegt Sloweniens berühmtester Kurort. Im Sommer kann man wandern, spazieren gehen, schwimmen; im Winter Schlittschuhlaufen, skifahren. Über dem See thront auf einem Felsen die Burg (11. und 17. Jh.). Drei Dinge muss man in Bled tun: Mit dem Boot zur Insel rudern, dort die Wunschglocke in der 1698 errichteten Kirche läuten und eine Cremeschnitte essen!

(D 3) Bohinj (Wochein)
Bohinjsko Jezero (Wocheiner See)
Der lange Gebirgssee ist idealer Ausgangspunkt für Wandertouren sowie Mittelpunkt für viele Sportarten: Fliegenfischen, Rudern, Paragliding, Eisklettern, Freeclimben (s. auch S. 113). Eine kurze Wanderung führt vom Südwestufer hinauf zum 60 m hohen Savica-Wasserfall. Am Ostufer das Kirchlein Johannes der Täufer (13. Jh., 1639 barockisiert) mit wunderbaren Fresken. Alte Bauernhöfe und Heuharfen schmücken die Dörfer Stara Fužina und Studor nördlich des Sees.
Infos beim TIC, Ribčev Laz 48
Tel. (04) 572 33 70

(D 4) Idrija
Bergwerksmuseum
Seit dem 15. Jh. wurde hier Quecksilber gefördert und in der Burg Gewerkenegg gelagert. Der mit Barockfresken geschmückte Bau ist ein Museum mit einer schönen Ausstellung

Bleder See: Mit der „pletnja", einer Gondel, setzt man über zur Insel

über Bergbau und Spitzenklöppelei. Für letztere sind die Frauen aus Idrija berühmt, es gibt sogar eine Klöppelschule.
Prelovčeva ul. 9
Tel. (05) 372 66 00
tgl. 9-18 Uhr

(C 3) Kobarid (Karfreit)
Weltkriegsmuseum
Hemingway-Leser („In einem anderen Land") kennen den Ort unter dem italienischen Namen „Caporetto": Nahebei wurde das lange und grausame Ringen um die Isonzo-Front im Ersten Weltkrieg entschieden (s. S. 114). Die Geschichte der Schlacht dokumentiert das preisgekrönte Museum Kobariški muzej. Ein Kreuzweg führt vom Hauptplatz bergauf zur Kirche Sv. Anton und zum Beinhaus für die gefallenen italienischen Soldaten.
Museum, Gregorčičeva 10
Tel. (05) 389 00 00
April-Sept. Mo-Fr 9-18, Sa-So 9-19, Okt.-März Mo-Fr 10-17, Sa, So 9-18 Uhr

(E 3) Radovljica
Imkereimuseum
Im barocken Schloss Thurn im Stadtzentrum werden historische Bienenkorbbrettchen und originelle Bienenstöcke gezeigt. Verkauf von Honig und Kerzen.
Linhartov trg 1
Tel. (04) 532 05 20
Mai-Okt. Di-So 10-13, 15-18, März-Apr., Nov.-Dez. Mi, Sa, So 10-12, 15-17 Uhr

(C/D 2) Trenta
Ausgangspunkt für Wanderungen zur Sočaquelle. Türkisblau und wild rauscht Sloweniens schönster Gebirgsfluss von hier ins Tal. Das ausgezeichnete Museum Dom Trenta informiert mit Multivisionsshow und Ausstellungen über den Nationalpark. Im Botanischen Garten „Alpinum Juliana" nördlich Trentas wachsen seltene alpine und Karst-Blumen.
Dom Trenta, Trenta 34
Tel. (05) 388 93 30
April-Okt. tgl. 10-18;
Alpinum Juliana, Trenta 40
Tel. (05) 388 93 66
Mai-Sept. 8.30-18.30 Uhr

(C 2) Vršič-Pass
Der 1611 m hohe Pass über den Kamm der Julischen Alpen ist Ausgangspunkt für zahllose anspruchsvolle Bergtouren, auch auf den Triglav. Motorrad- und Radrennfahrer lieben ihn, deshalb sollten Autofahrer stets auf Gegenverkehr achten. Ein paar Kurven nach der Passhöhe erinnert eine Holzkapelle an die russischen Gefallenen des Ersten Weltkriegs.

KARST UND KÜSTE

(F 5/6) Čerkniško Jezero (Zirknitzer See)
Im Sommer wird der See zur Wiese: Wenn die zufließenden Bäche versiegen, verschwindet auch das Gewässer. Das kleine Museum in Dolenje Jezero erläutert das Phänomen. Ein Abenteuer ist der Besuch der Wasserhöhle Križna jama östlich von Cerknica mit ihren 22 unterirdischen Seen (s. S. 64).

(D 7) Hrastovlje
Dreifaltigkeitskirche Sv. Trojica
Umgeben von einer im 16. Jh. erbauten hohen Mauer diente die dreischiffige, romanische Kirche Sv. Trojica als Zufluchtsort in der Zeit der Türkeneinfälle. 1490 schmückte der Maler Janez aus Kastav das Innere mit bunten naiven Fresken (darunter der berühmte „Totentanz", bei dem Arm und Reich, Alt und Jung ohne Unterschied Gevatter Tod folgen).
Schlüssel im Haus Nr. 30

(C 7) Portorož
Sloweniens einziger Adria-Badeort mit künstlich aufgeschüttetem Sandstrand, gesäumt von renovierten Hotels. Glanzstück des Ortes ist das Spielcasino. Ganz in der Nähe wurde bei Sečovlje seit dem 14. Jh. Salz aus dem Meer gewonnen. Heute stehen die Verdunstungsbecken unter Naturschutz, nur noch im nördlichsten wird Salz abgebaut. Ein Museum erläutert die Arbeit.
Zufahrt zum Museum zwischen dem slowenischen und kroatischen Grenzposten am Übergang Sečovlje. *Öffnungszeiten April-Okt. 9-18 Uhr*

(C/D 5) Vipava-Tal
Das Tal ist eines der besten Weinbaugebiete der Primorje.

MERIAN | TIPP

Bären, Burgen und der weiße Karst

Dolenjska und Bela Krajina: zwei Regionen, die durch stille Schönheit entzücken

In den Urwäldern des Kočevski Rog (Hornwald) leben Bären, Wölfe und Luchse. Heilkräftiges Wasser speist alte Thermalbäder wie Dolenjske Toplice (Töplitz), trutzige Burgen und romantische Schlösschen wie Otočec haben die oft kriegerische Geschichte überstanden. Hauptort der Dolenjska (Unterkrain) ist das Städtchen Novo Mesto (Rudolfswerth) – malerisch schmiegt es sich in eine Schlinge des Flusses Krka, der als Lebens- und Verkehrsader durch die Region fließt. Über das Krka-Tal wachen stolze Burgen wie das mit sieben Türmen gesicherte Žužemberk (Seisenberg, 13. Jh.) und das Renaissanceschloss Soteska. Unterhalb der Burg ist noch eine Wassermühle in Betrieb. Tuffsteinstufen und kleine Wasserfälle machen die Krka am Oberlauf zu einer beliebten Kanu- und Raftingstrecke. Auch auf der Kolpa, dem Grenzfluss zu Kroatien, wird jede Art von Wassersport getrieben. Über der tief eingeschnittenen Kolpa-Schlucht steht die Burg Kostel aus dem 14. Jahrhundert. Bei der Verteidigung gegen die Türken spielte sie eine herausragende Rolle. Von ihrer Anhöhe öffnet sich ein herrlicher Blick auf die Umgebung.

Von der Krka umspült: das Schlosshotel Otočec

Črnomelj ist Hauptort der Region Bela Krajina (Weißmark) oder der „weißen Krain" – so genannt wegen der vielen Birken und der weißen Tracht ihrer Bewohner. Obwohl Farn und Bäume die Landschaft fruchtbar erscheinen lassen, ist sie wegen des Mangels an Oberflächenwasser für den Ackerbau ungeeignet. Der Karst mit seinen unerforschten Höhlen, unterirdischen Wasserläufen, Einsturztrichtern und weiß schimmernden Felsen macht den besonderen Zauber dieser Landschaft aus. Das haben bereits die römischen Kolonisatoren so empfunden: Tief im Wald, drei Kilometer nördlich von Črnomelj, verehrten sie in einer Felskuhle den persischen Lichtgott Mithras. Ein in den Felsen gemeißeltes Relief zeigt den Gott, der einen Opferstier tötet. Diese Stelle gilt bis heute als magischer Ort.

Informationen bei den Tourismusbüros
(I 5) TIC Novo Mesto, Novi trg 6 (das Büro zieht 2005 an den Glavni trg um), Tel. (07) 393 92 63, www.novomesto.si und TIC Črnomelj, Trg svobode 3, Tel. (07) 305 65 30

MERIAN | TIPP

Quellen der Schönheit

Der Wellnesstrend hat die klassischen Heilbäder der k.u.k.-Zeit wiederentdeckt

In Slowenien kurten schon die Römer, aber die meisten der heute 15 Heilbäder entwickelten sich erst im 19. Jahrhundert. Rogaška Slatina (Rohitsch-Sauerbrunn), bis 1840 kaum mehr als eine gefasste Quelle, erhielt unter dem Landeshauptmann Graf Attems ein Kurhaus und ein Heilbad. Diese Anlagen waren so mondän, dass die österreichische Kaiserfamilie ebenso zu Besuch kam wie die Rothschilds aus Paris. Heute steht von den alten Kuranlagen noch ein klassizistischer Palast – das Grand Hotel Rogaška. Die meisten Gäste kommen, um sich mit Thai-Massage und Ayurveda in luxuriösem Ambiente verwöhnen zu lassen.
Restauriert sind auch die Kurhäuser von Dolenjske Toplice (Töplitz) bei Novo Mesto (Rudolfswerth), das bereits im 13. Jh. erstmals als Heilquelle erwähnt wird. Ein prunkvoller Speisesaal erinnert im Hotel „Kristal" daran, dass auch hier gekrönte Häupter kurten. Hauptattraktion aber ist das neue Wellness- und Badezentrum „Balnea" mit Innen- und Außenpools, einem Piratenschiff mit Wasserspielen für Kinder und einer Saunalandschaft, in der die Gäste vom japanischen Hock- bis zum römischen Schwitzbad, von der Aroma-Sauna bis zum Whirlpool für Zwei ein top-modernes Wellness-Angebot genießen können.
Informationen zu allen Thermen unter
www.slovenia-tourism.com („Thermen" anklicken)
oder www.terme-giz.si

Das prächtige Grandhotel im Kurbad Rohitsch-Sauerbrunn (Rogaška Slatina): Hier logierten auch Mitglieder des Hofes

Dabei sorgt gerade hier der von den Alpenkämmen nach Süden stürmende Nordwind Burja (Bora) für eiskalte Wintertage. Die Menschen haben deshalb nur geschützte Südhänge besiedelt und bepflanzt. Sehenswert: der mittelalterliche Ort Vipavski križ und das Renaissanceschloss Zemono mit illusionistischen Fresken. Das Schlossrestaurant ist eines der besten des Landes (s. S. 120).
Grad Zemono
Mo-Fr 12-19, Sa 9-14 Uhr

(C 7) Izola, Koper, Piran
s. S. 70

NOVO MESTO UND SÜDSLOWENIEN

(I 5) Novo Mesto (Rudolfswerth)
Dolenjski muzej (Unterkrainer Museum)
Landesmuseum mit sehenswerter archäologischer Abteilung – die Funde aus der Hallstattzeit (Schmuck, Helme), die keltischen Münzen sind eindrucksvoll. Weitere Themen: Partisanenkampf und Ethnographie
Muzejska ul. 7
Tel. (07) 373 11 30
Di-Sa 9-16, im Sommer bis 17
So ganzjährig 9-13 Uhr

(H 6) Kočevski Rog (Hornwald)
Baza 20
Im Urwald des Gebirgszuges Kočevski Rog verbirgt sich das einstige Hauptquartier der Partisanen mit Krankenhäusern, Druckerei, Schule, Wohnbaracken (s. S. 66). Besichtigung April-Okt. nach Vereinbarung beim
TIC Dolenjske Toplice
Tel. (07) 384 51 88

CELJE UND DER NORDEN

(I 3) Celje (Cilli)
Von 1322 bis 1456 war Celje unter den Grafen von Cilli unabhängiges Fürstentum. Damals entstanden die malerische Altstadt und Burg Stari Grad 'auf einem 400 m hohen Berg. Stara Grofija, das alte Grafenschloss, stammt aus der Renaissance und besitzt ein illusionistisches Deckenfresko über dem Rittersaal. Die Cillier Grafen stifteten auch die gotische Minoritenkirche Sv. Marija.
Stara Grofija
Muzejski trg 1
Tel. (03) 428 09 50
Di-So 10-18 Uhr

(K 4) Olimje
Schloss / Kloster
Das einstige Schloss und späteren Kloster geht auf das Jahr 1208 zurück. Die heutige Renaissancegestalt erhielt es 1550; hundert Jahre später wurde es Kloster. Die Fassade der barocken Kirche Maria Himmelfahrt ist mit einem schönen geometrischen Dekor geschmückt ist. Die 1765 gegründete und mit Fresken ausgemalte Apotheke soll die drittälteste in Europa sein.
Olimje 82, Tel. (03) 582 91 72
Führungen Mo-Sa 10, 15, 16, So 16 Uhr

(K 3) Špitalič
Kloster Žiče
Das im 12. Jh. gegründete Karthäuserkloster wurde 1782 aufgegeben. Nur noch die Außenmauern der romanischen Kirche, eine restaurierte gotische Kapelle und eine Apotheke, in der Kräuter und Schnäpse verkauft werden, sind erhalten. Im benachbarten Wachtturm kann man klösterlich-üppig speisen.
Špitalič bei Slovenske Konjice

Predjamski Grad: Hinter der Höhlenburg bei Adelsberg (Postojna) verbergen sich die Reste einer älteren Burg aus dem 13. Jahrhundert

März-Nov. Mo-Fr 10-18, Sa, So 9-19 Uhr

(I/K 2) Pohorje (Bacher Gebirge)
Geologisch gehört der 50 km lange Gebirgszug zu den Alpen; allerdings besitzt er mit seinem teils sumpfigen Hochplateau und den selten über 1500 m hohen, dicht bewaldeten Bergen kaum Ähnlichkeit mit ihnen. Ausgangspunkt für Wanderungen ist der Berg Rogla (1517 m), zu dem eine Straße führt. Von hier erreicht man das Gebiet der Lovrencer Seen (1,45 Std.), wo im Sommer seltene Sumpfblumen blühen. Im Winter gut für Langlauf, es gibt mehrere Lifte und mittelschwere Pisten. Das wichtigste Skizentrum des Pohorje befindet sich an den Nordhängen bei Marburg mit über 60 km Pisten und der berühmten Habakuk-Abfahrt, auf der Weltcuprennen ausgetragen werden.

MARBURG UND DER OSTEN

(L 1) Maribor (Marburg)
Die Lebensader der von Weinbergen eingerahmten Stadt war und ist die Drau (Drava). Schiffe und Flößer beförderten auf dem Fluss Holz und Waren. Das frühere Hafengebiet Lent ist heute Szeneviertel mit Restaurants, Kneipen und dem Folklore- und Musikfestival im Juni. Am Wirtshaus „Stara trta" wächst die mit 300 Jahren angeblich älteste Weinrebe Europas.Zur gotischen Stadtbefestigung gehören Gerichts-, Wasser- und Judenturm. In der Altstadt rund um den Hauptplatz (Glavni trg) sind die restaurierten Renaissance- und Barockbauten (Rathaus, Jesuitenkloster, Aloysiuskirche, Mariensäule) sehenswert. Das Museum im Stadtschloss (Mestni grad, Baubeginn 15. Jh.) dokumentiert Geschichte und Ethnographie der Region. Ein barockes Kleinod ist das 1747 erbaute und mit Stuck und Allegorien üppig geschmückte Treppenhaus im Westflügel.
Museum, Grajska ul. 2
Tel. (02) 228 35 51
Di-So 10-17 Uhr

(M 2) Ptuj (Pettau)
Sloweniens älteste Stadt duckt sich unterhalb einer mächtigen, zwischen dem 12. und 18. Jh. erbauten Burg an der Drau. Am Slovenski trg und entlang der Prešernova ul. sind Häuser im Stil der Gotik, der Renaissance und des Barock hervorragend erhalten. In der Kirche Sv. Georg (Slovenski trg) steht ein kunstvoller gotischer Flügelaltar. Im 500 Jahre alten Weinkeller (Vinska klet) lagern köstliche Tropfen aus der Untersteiermark und der Haloze (s. S. 84). In der Burg befindet sich das Landesmuseum. Hier sind u. a. Faschingsmasken (Kurenten) zu sehen. Eine ausgezeichnete Ausstellung von Fundstücken aus dem römischen Ptuj präsentiert das Dominikanerkloster, darunter ein Heiligtum für den persischen Lichtgott Mithras.
Landesmuseum in der Burg
Tel. (02) 778 87 80
Winter tgl. 9-17
Sommer 9-18 Uhr;
Dominikanerkloster
Muzejski trg 1
Tel. (02) 787 92 30
Winter tgl. 9-17 Uhr;
Weinkeller
Vinarski trg 1
Tel. (02) 787 98 10
Besichtigung nach Anmeldung

(L 2) Ptujska Gora
Wallfahrtskirche
Die gotische Kirche auf ihrem 342 m hohen Berglein ist eine der bedeutendsten Wallfahrtsstätten. Anrührend das um 1400 entstandene Relief der Schutzmantelmadonna über dem Hochaltar; in der Heilig-Kreuz-Kapelle sind Reste gotischer Fresken erhalten.

(M-O 1) Prekmurje
Das Land „jenseits der Mur" gehörte zum ungarischen Teil der Doppelmonarchie: Die weitgehend flache Region mit ihren alten, teils noch mit Stroh gedeckten Bauernhöfen wirkt urtümlicher als der Rest Sloweniens. Mais und Paprika hängen zum Trocknen an den Häusern; viele Höfe leben von der Schweinezucht, auf den Kirchtürmen brüten Störche. Im Kontrast zu dieser bäuerlichen Idylle steht die Himmelfahrtskirche in Bogojina von Plečnik. Wellness und Kurprogramm bietet die „Terme 3000 Spa" in Moravske Toplice.

MERIAN | TIPP

Predjamski Grad (Burg Luegg)
Ein Muss für große und kleine Ritter: Von einer 123 m hohen Felswand überragt steht die im 13. Jh. gegründete und im 16. Jh. im Renaissancestil ausgebaute Burg vor dem dunklen Schlund der Höhle Predjama. Stollen und Gänge verbinden die Burg mit dem Höhlensystem dahinter, das im Belagerungsfall als Flucht- und Versorgungsweg genutzt werden konnte (Erasmusgang). Der Gebäudekomplex wurde bis heute nicht wesentlich verändert. Ende August wird alljährlich auf den Wiesen vor der Burg ein Ritterturnier veranstaltet, bei der die Sage um den Ritter Erasmus nachgespielt wird: Danach trotzte er ein Jahr der Belagerung durch den Triester Hauptmann Ravbar, da er sich durch einen geheimen Zugang mit Lebensmitteln versorgen konnte. Die Burg fiel schließlich durch schnöden Verrat.
(E 5) Predjama bei Postojna
Tel. (05) 751 52 60
Burg, Museum: Jan., Feb., Nov., Dez. Di-Fr 10-16, Sa, So 10-17; März, April, Okt. Di-So 10-17, Mai, Sept. Di-So 9-18, Juni, Juli, Aug. Di-So 9-19 Uhr
Höhle Predjama und Erasmusgang: Führungen Mai-Sept. tgl. 11, 13, 15, 17 Uhr

Sportfeste

Die Slowenen sind ein Volk von Bergsteigern und Skiläufern. Aber welches Land hat auch eine Hauptstadt mit Skipiste vor der Haustür? Bereits im 17. Jahrhundert berichtet Sloweniens bedeutender Chronist J.W. Valvasor von den kurzen, breiten „Bloke"-Skier: Demnach wurden in Slowenien die ersten Skier erfunden! So sind auch die wichtigsten Wintersportereignisse immer große Volksfeste: das Skispringen im Planicatal, das Rennen der Damen auf dem Mariborsko Pohorje, das der Herren in Kranjska Gora und der Biathlon in den Wäldern der Pokljuka.

ALPINE SKIGEBIETE

(B 2) Kanin
Sloweniens höchster Alpenpass Vrčič (1611 m) verbindet Kranjska Gora – Sloweniens größtes, aber auch sehr überlaufenes Skigebiet – mit dem Trentatal (oberer Teil des Sočatals). Von dort kommt man in den Kanin (2300 m), das höchst gelegene alpine Skigebiet Sloweniens. Hier liegt der Schnee von Dezember bis Mai. Aufgrund der meterdicken Schneedecke, der sonnigen Lage und der prächtigen Ausblicke ist das Skilaufen zwischen den Wänden des Kanin-Massivs ein Erlebnis – am schönsten im Frühling, wenn es im unterhalb liegenden Bovec-Becken schon grünt. Und demnächst wird das Gebiet auch noch attraktiver werden – geplant ist eine Verbindung mit dem Skigebiet Sella Nevea auf der italienischen Seite.

(D 2) Kranjska Gora (Kronau)
Die Pisten am Ortsrand sind perfekt für Anfänger; wer mehr kann, fährt auf der „schwarzen" Weltcupabfahrt über Podkoren ins Tal: Die Alpinski-Pisten werden künstlich beschneit. Mit 5 Sessel- und 15 Schleppliften, 30 km Pisten und 40 km Loipen ist Kranjska Gora ein überschaubares und familiengerechtes Wintersportzentrum.

(F/G 3) Krvavec
Von Laibach ist es eine halbe Autostunde bis in den Talkessel Kamniška Bistrica, der vom Massiv des Krvavec und der Hochalm Velika planina begrenzt wird. Hier ist Skilaufen schon für einen halben Tag möglich – man ist in wenigen Minuten oben im Skigebiet (1450-1970 m). Die Velika planina (1666 m) ist die größte Hochalm der Steiner Alpen und bekannt für ihre sanften Hänge und großen Feriensiedlung.

(I/K 2) Pohorje
heißt der im äußersten Osten gelegene Teil der Zentralalpen. Das bis zu 1500 m hohe Gebirge, das sich zwischen Marburg und Dravograd (Drauburg) erstreckt, unterscheidet sich mit seinen dichten Fichtenwäldern von allen anderen slowenischen Bergwelten: ein Dorado für Wanderer, Mountainbiker und besonders Skilangläufer.

EISHÖHLE

(G 2) Potočka Zijalka
Die 115 m lange unterirdische Höhle liegt in den Steiner Alpen, im prächtigen Logartal unterhalb des Gipfels der Olševa auf 1700 Meter Höhe. Sie zählt zu den größten und malerischsten paläolithischen Höhlenfundorten Europas. Am schönsten aber ist die im Winter von Eissäulen geschmückte Höhle, wenn von der Schneedecke reflektiertes Sonnenlicht in die Höhle flutet und alles prächtig funkelt.

SCHLITT-SCHUHLAUFEN

(F 6) Čerkniško Jezero
Die Landschaft ist berühmt für Karstphänomene, von denen der Zirnitzer See der bekannteste ist: Er ist größte periodische See. Auf denselben Flächen, auf denen die Bauern im Sommer mähen und ihr Vieh weiden lassen, wird bei Überflutung des Polje mit dem Boot gefahren, geangelt – und im Winter mit großer Begeisterung Schlittschuh gelaufen.

LANGLAUF

(D/E 2/3) Bled, Bohinj
Am Fuß der Julischen Alpen liegen zwei herrliche Alpenseen: Der Bleder See friert im Winter zu. Die märchenhafte Landschaft ist ideal für Spaziergänge, für Langlauf oder Wanderungen im Nationalpark Triglav. Das bekannteste Langlaufzentrum liegt auf der Pokljuka, einem waldreichen Karstplateau, das von Bled und Bohinj zu erreichen ist. Die 1200 bis 1500 m hohe Pokljuka ist ein Dorado für Langläufer, hier werden auch alljährlich Biathlon-Weltcuprennen ausgetragen. Nur 20 Kilometer im Tal der Save (Sava) Bohinjka aufwärts liegt in den Bergen der Bohinjer See, Sloweniens größter Alpsee.
Tipp: Mit der Gondelbahn auf den Vogel fahren, ein einzigartiges Skigebiet in 1300 bis 1800 m Höhe mit Blick auf Julier und Karawanken.

EISKLETTERN

(D 2) Vratatal
Mojstrana im Tal der Sava Dolinka ist Ausgangspunkt in drei schöne Alpentäler. Am bekanntesten ist das glaziale Vratatal, über dem die mächtige Triglav-Nordwand mit 3 km Breite und 1200 m Höhe thront. Hochtouren sind die Domäne der Alpinistenelite – viele lieben die Klettertouren in den vereisten Wasserfällen.

Eisklettern im 15 km langen Koritnicatal: Gefrorene Wasserfälle zu erklimmen ist slowenische Spezialität

Rafting: Die Soča ist ein ideales Terrain für Wildwassersportarten

CANYONING

(D 3) **Bohinj**
Die Schluchten der Mostnica (für Anfänger) und Gmečica (für Fortgeschrittene) sorgen mit Wasserfällen und tiefen Sprüngen für sportlichen Spaß. Canyoning-Touren bei Pro-Montana (s. MERIAN-Tipp).
ca. 3 Stunden, 40 €

FALLSCHIRM-SPRINGEN

(E 2) **Lesce**
Tandemsprünge aus 3000 m Höhe (Flugzeug, Ballon) bieten die erfahrenen Fallschirmspringer M. Pristavec und D. Vodišek. Start- und Landepunkt ist der Sportflugplatz Lesce bei Bled.
Matjaž Pristavec, Tel. (041) 68 62 52; Domen Vodišek, Tel. (031) 68 35 23, www.pristavec.net
Tandem aus dem Flugzeug 140 €, aus dem Ballon 260 €

FREECLIMBING

(D 6/7) **Osp/Črni Kal**
Die Felswand gilt als eine der anspruchsvollsten Freeclimber-Strecken Europas und sollte nur von erfahrenen Kletterern bestiegen werden. Treff ist der Campingplatz von Drago Vovk.
Osp 20, Tel. (05) 659 26 00

GOLF

(G 3) **Kamnik/Radomlje**
Slowenien besitzt acht landschaftlich reizvolle Greens bei Bled, Lipica, Mokrice, Moravske Toplice, Ptuj, Podčetrtek, Slovenske Konjice und Kamnik; letzterer liegt vor der schroffen Felskulisse der Steiner Alpen und gilt als der schönste.
Golf Arboretum Volčji potok, Radomlje, Volčji potok 3a Tel. (01) 831 15 50 www.golfarboretum.si
18 Loch, Par 71, Greenfee 25 €

HYDROSPEED

(D 3) **Bohinj/Ribčev Laz**
Auf der Sava Bohinjka von Soteska bis Bohinjska Bela – eine Tour, die auch Hydrospeed-Anfänger unter kundiger Leitung machen können.
Pac Sports, Ribčev Laz 50 Tel. (041) 69 85 23 www.pac-sports.com
April-Okt., Gruppen von 3-8 Personen, 25 €

KAJAK

(C 3) **Bovec/Sočatal**
Die Soča bietet Anfängern wie Könnern mit den Schwierigkeitsgraden I-VI beste Bedingungen. Kajak-, Kanuunterricht und geführte Touren bei:
Alpin Action, Trnovo ob Soči 26a Tel (05) 384 55 04 www.alpinaction.it
März-Okt., Doppelstunde Kajak 35 € (Gruppe), 32 € (einzel)

KANUWANDERN

(H 5) **Žužemberk**
Die Krka hat zwei Gesichter: Zwischen Quelle und Burg Žužemberk ist sie wild und anspruchsvoll; dann aber wird sie ein gemächlicher Wanderfluss (Wildwasser I). Kanutouren auf der wilden wie ruhigen Krka:
K2M, Dolenjske Toplice Pionirska cesta 2, Tel. (07) 306 68 30, www.k2m.si
Kanumiete 13 € pro Person pro Tag, incl. Rücktransport

MOUNTAINBIKEN

(H 2) **Črna na Koroškem**
Im Hotel Club Krnes in den östlichen Karawanken dreht sich alles um das Mountainbike: Neben Verleih und Pflege werden Touren durch die schroffe Gebirgslandschaft organisiert. Höhepunkt: unterirdische MB-Abenteuer in einem Bergwerk.
Črna na Koroškem, Center 153 Tel. (02) 823 85 55 www.mtbpark.com
MB-Verleih 15 € pro Tag, 5 km Höhlenbiken um 22 € pro Person bei 2-4 Teilnehmern

PARAGLIDING

(D 3) **Bohinj**
Ideale thermische Bedingungen und die atemberaubende Kulisse des von den Julischen Alpen eingerahmten Sees machen Bohinj zum Top-Spot. Tandemsprünge organisiert Pac Sports (siehe Hydrospeed).
Tandemsprung je nach Startpunkt 65-90 €

RAFTING

(E 2) **Bled**
Im Frühjahr und Herbst sorgen die Stromschnellen für Nervenkitzel und Spaß. Im Sommer weichen die Veranstalter auf andere Flüsse aus.
Bled Rafting, Bled, Finžgarjeva cesta 19, Tel. (041) 67 80 08 www.bled-rafting.si
April-Okt., 24 € pro Person

REITEN

(D 3) **Bohinj**
In der Heimat der Lipizzaner muss man nicht in Lipica (s. S. 96) reiten: Reizvolle Alternative für Anfänger wie Kinder sind die Isländer des Reiterhofes Mrcina in den Julischen Alpen.
Ranch Mrcina, Studor, Srednja vas v Bohinju, Tel. (041) 79 02 97 www.sloveniaholidays.com/RANCMRCINA
Ausflüge 1 Stunde um 20 € pro Person, 4 Std. in den Triglav-Nationalpark um 50 €

MERIAN | TIPP

Mit ProMonatana sicher unterwegs
Ausgangspunkt für die Erfolgsstory von ProMontana war ein winziger Laden in Bled. Den Laden gibt es immer noch, voll gestopft bis unters Dach mit Büchern, Wanderkarten und Sportausrüstung. Aber das Unternehmen ist inzwischen gewachsen und zählt zu den größten Anbietern von Outdoor-Abenteuer in Slowenien. Was auch immer die Kunden wollen – ProMontana stellt einen ausgebildeten und trainierten Führer. Und das nicht nur für Modesportarten, sondern auch für normale Bergtouren.
(E 2) Bled, Ljubljanska 1 Tel. (04) 578 06 62 www.promontana.com

Made in Slovenia

Bekannt wurde das Unternehmen „Elan" mit Skiern – angeblich wurden hier und nicht in den USA die ersten Carving-Skier entwickelt. Heute ist Elan Sloweniens größter Sportausrüster. Im fabrikeigenen Laden in Begunje bei Bled gibt's vom Mountain Bike zum Snowboard, von der Skiausrüstung bis zum Segelboot Elan-Produkte in bester Qualität: Achtung, die Preise sind im Land niedriger als in Deutschland!
(E 2) Elan športna trgovina Begunje 1, Tel. (045) 35 11 07 www.elansport.com, Mo-Fr 9-18, Sa 9-12 Uhr

2004 endlich angekommen: Die Slowenen sind begeisterte Europäer

MERIAN | RÜCKBLICK

Die Schlacht am Isonzo

Eine der grausamsten Frontlinien des Ersten Weltkrieges verlief durch slowenisches Gebiet

Zwischen Mai 1915 und Oktober 1917 waren das Tal der Soča (italienisch: Isonzo) und die umliegenden Alpengipfel Schauplatz eines gewaltigen Stellungskrieges zwischen Italien und den Mittelmächten Österreich-Ungarn, Deutschland, Türkei und Bulgarien. Auslöser war Italiens Vorstoß nach Osten ins Sočatal und die Eroberung Kobarids im Mai 1915. Hier standen sich italienische Truppen und die der Mittelmächte im Fels der Julischen Alpen gegenüber und verbrachten 29 Monate damit, Stollen und Bunker in die Bergflanken zu treiben, sich einzugraben und zu belauern. Italien startete 11 erfolglose Offensiven. Kämpfe, Schnee, Kälte, Lawinen und Erdrutsche töteten die Soldaten beider Seiten – oder sie verhungerten. Schließlich verlegten sich die Kriegsgegner darauf, die feindlichen Stellungen von heimlich gegrabenen Stollen aus in die Luft zu sprengen. Im Herbst 1917 holten die Mittelmächte zum Gegenschlag aus: Die vom späteren „Wüstenfuchs" Oberleutnant Rommel miterarbeitete 12. Offensive brachte das Ende des mörderischen Ringens – die Italiener wurden an den Fluss Piave zurückgeschlagen. Insgesamt kamen bei den Kämpfen zwischen 1915 und 1917 auf beiden Seiten mehr als eine Million Menschen um. Literarischer Chronist der Isonzo-Front war ein junger Rot-Kreuz-Sanitäter aus den USA, der sich freiwillig an die Front gemeldet hatte und beim italienischen Rückzug in Fossalta di Piave verletzt worden war: Ernest Hemingway. Er beschreibt in seinem Roman „In einem anderen Land" die Sinnlosigkeit und Brutalität der Kämpfe. Deren Spuren sind in den Julischen Alpen noch vielerorts präsent: Bunker, verrostete Waffen, sogar Uniformteile finden sich in den Bergen. Am Vrsič-Pass erinnert die „Russische Kapelle" an Kriegsgefangene der Mittelmächte, die beim Bau der Passstraße eingesetzt und bei einem Lawinenabgang ums Leben kamen. In Kobarid widmet sich ein sehr gutes Weltkriegsmuseum (s. S. 109) dem Frontgeschehen. Dort gibt es Führungen zu den Schlachtfeldern.

1915 überschritten italienische Truppen die Gebirgsgrenze. Bis heute wird hier noch Munition gefunden

Frühzeit

35 000 v. Chr. Aus Knochen gearbeitete Werkzeuge, darunter eine Nähnadel, sind Hinterlassenschaft jungsteinzeitlicher Jäger in der Olševa-Höhle (Karawanken).
2000 v. Chr. Im Moorgebiet um Ljubljana entstehen Pfahlbausiedlungen.
1. Jh. v. Chr. Kelten und Illyrer gründen das Reich Noricum, das schon bald von Rom erobert wird.
2. Jh. Römische Stadtgründungen: Emona (Laibach/Ljubljana), Piranum (Piran), Claudia Celeia (Cilli/Celje), Poetovio (Pettau/Ptuj).

Slawische Einwanderung

3.-5. Jh. Einfall der Hunnen unter Attila.
6./7. Jh. Einwanderung des südslawischen Volks der Slowenen und Gründung des Fürstentums Karantanien.
788 Karl der Große erobert Karantanien und gliedert es dem Herzogtum Bayern ein.

Unter Habsburger Ägide

14./15. Jh. Durch Erbfolge fällt das ehemalige Karantanien an die Habsburger; das Slowenische wird von deutscher Sprache und Kultur verdrängt.
16. Jh. Die Reformation fördert die Rückbesinnung auf die slawischen Wurzeln, 1550 erscheint der slowenische Katechismus von Primož Trubar, das erste slowenische Buch.
18. Jh. Josephinische Reformen: Viele Klöster werden aufgelassen; Einführung der allgemeinen Schulpflicht.
1809-1813 Napoleon erobert Slowenien und gliedert es seinen Illyrischen Provinzen an. Laibach wird Hauptstadt.
1848 Slowenische Intellektuelle fordern ein Vereinigtes Slowenien.

Im Verein mit den südslawischen Nachbarn

1918 Nach dem Ersten Weltkrieg gründen Slowenen, Kroaten und Serben das Königreich Jugoslawien.
1941 Deutschland und Italien besetzen Jugoslawien.
1942-1945 Partisanen kämpfen gegen die Besatzung. Nach der Befreiung wird Slowenien Teilrepublik Jugoslawiens unter Josip Broz Tito.
1980 Tito stirbt.
1987 Gründung demokratischer Parteien in Slowenien.

Unabhängigkeit und Weg in die EU

1990 Bei den ersten freien Wahlen sprechen sich 89 % der Slowenen für die Unabhängigkeit aus.
26. Juni 1991 Nach der Unabhängigkeitserklärung beginnt ein kurzer Krieg mit Jugoslawien. Jugoslawische Truppen besetzen die Grenzübergänge und bombardieren Ljubljanas Flughafen Brnik, ziehen sich aber nach 10 Tagen zurück. Der Konflikt fordert 66 Menschenleben.
1992 UNO-Mitgliedschaft.
1992-2004 Abgesehen von einer kurzen Unterbrechung regiert ein sozialliberales Parteienbündnis unter Janez Drnovšek, der 2002 zum Staatspräsidenten gewählt wird.
2004 Slowenien wird Mitglied der EU. Bei den Wahlen im Oktober erringen rechtskonservative Parteien unter Janez Jansa die Mehrheit.